国防科技工业质量与可靠性专业技术丛书

质量功能展开技术

李跃生　邵家骏　苗宇涛　编著

国防工业出版社

·北京·

内 容 简 介

本书是《国防科技工业质量与可靠性专业技术丛书》之一。本书比较系统地介绍了质量功能展开技术(QFD)的产生与发展、概念、反映的核心理念、特点、作用和发展方向,介绍了质量功能展开技术常用的分析模型——质量屋的结构和质量屋、质量屋系列建立的实施程序,提出了一种适合于复杂系统的多维结构的质量功能展开分析模型——系统屋,论述了系统屋的结构、系统屋和系统屋系列建立的实施程序、分析方法,介绍了系统屋的应用软件,分析了质量功能展开技术与其他技术和管理方法相结合的必要性、可行性和方式,论述了深化质量功能展开技术的量化评估方法。书中给出了质量屋的工程案例和系统屋的用例,以对读者起到理解概念、掌握方法、工程应用的示范作用。

本书适用于国防科技工业工程技术人员、管理人员和质量与可靠性专业人员使用,也可供高等院校相关专业的师生参考。

图书在版编目(CIP)数据

质量功能展开技术 / 李跃生,邵家骏,苗宇涛编著.
—北京:国防工业出版社,2011.7
(国防科技工业质量与可靠性专业技术丛书)
ISBN 978-7-118-07447-5

Ⅰ.①质… Ⅱ.①李…②邵…③苗… Ⅲ.①国防工业 – 工业产品质量 – 质量管理 – 研究 Ⅳ.①F407.486.3

中国版本图书馆 CIP 数据核字(2011)第 164577 号

※

*国防工业出版社*出版发行
(北京市海淀区紫竹院南路23号 邮政编码100048)
北京嘉恒彩色印刷有限责任公司印刷
新华书店经售
*
开本710×960 1/16 印张8¾ 字数146千字
2011 年7月第1版第1次印刷 印数1—5000册 定价28.00元

(本书如有印装错误,我社负责调换)

国防书店:(010)68428422　　　发行邮购:(010)68414474
发行传真:(010)68411535　　　发行业务:(010)68472764

丛书前言

"质量是企业的生命",是技术水平和管理水平的综合体现。提高产品质量水平,是加快转变经济发展方式的重要途径和必然要求。对于武器装备,质量关系型号成败,关系战争胜负,关系国家安危,"保质量就是保安全、保战斗力、保胜利。"

依靠先进技术和科学管理保证和提升质量,是我国国防科技工业质量工作的基本规律和有效经验。《武器装备质量管理条例》也明确规定,"国家鼓励采用先进的科学技术和管理方法提高武器装备质量"。特别是在武器装备机械化信息化复合式发展的新形势下,装备技术指标更高、系统更加复杂、软件更加密集、风险更难控制,对质量与可靠性技术的需求更大、要求更高。

为促进先进质量与可靠性技术方法在型号中的有效应用,在国防科技工业主管部门的指导和支持下,国防科技工业质量与可靠性研究中心牵头,在2003年编辑出版了包括统计过程控制,软件质量管理,危险分析与风险评价,故障模式、影响及危害性分析与故障树分析,元器件使用质量保证在内的《国防科技工业质量与可靠性专业技术丛书(第一批)》。为适应新形势和新任务的需求,又有针对性地遴选了潜在电路分析、概率风险评价、质量功能展开、六西格玛管理、健壮设计等五种技术方法,编辑形成了丛书的第二批书目。

新出版的这一批书目集中了五项行之有效的质量与可靠性技术方法,凝结了国防科技工业质量理论研究和工程实践的最新成果,对于促进先进技术推广应用、提高全员质量技能具有十分重要的意义,可为国防科技工业广大技术和管理人员开展质量工作提供技术支持,也可作为各类人员学习的参考用书。

考虑到丛书编写时间和资源有限,而且一些技术方法的研究和应用仍需继续深化,所以难免有不足和尚需完善的地方,欢迎广大读者提出宝贵意见。

《国防科技工业质量与可靠性专业技术丛书(第二批)》编委会
二〇一一年六月

《国防科技工业质量与可靠性专业技术丛书(第二批)》
编 委 会

V

前　言

质量功能展开(QFD)技术是一种直观地对顾客需求进行分析、转换和展开的分析方法,尤其适用于产品开发早期。它是通过一系列矩阵式图形进行权重计算和相关分析,对多因素进行系统展开和综合权衡,具有直观形象、适用面广、可操作性强的特点。QFD技术体现了"顾客至上"、"源头抓起"、"系统策划"和"定量化分析"等质量管理理念。

目前,QFD技术在全球范围,尤其是工业发达国家已经较为普遍地应用,已被航空、航天、电子、机械等工业实践所证实。

本书作者从1995年开始QFD技术的跟踪研究和航天产品研制过程的应用研究,针对大型复杂航天系统的特点,创新性地提出了一种适合多因素、多层次复杂系统中应用的多维结构的QFD分析模型——系统屋,作为对QFD分析模型的深化和扩展。

2007年初,在本书论述内容的研究课题技术成果鉴定会上,由中国科学院院士、运载火箭专家余梦伦,中国工程院院士、我国权威的质量管理专家刘源张,航天科技工业权威的质量与可靠性专家何国伟、邵锦成、朱明让等组成的成果鉴定组给出的鉴定结论指出,该课题的成果具有国内先进水平,其理论方法的研究成果是我国质量与可靠性专业自主创新的研究成果,具有很好的型号研制工程应用推广价值。同年,该课题获国防科技进步三等奖,开发的系统屋技术应用软件取得了国家版权局颁发的计算机软件著作权。

本书在编写过程中,吸收借鉴了国内外有关文献资料所刊登的成果,结合我国军工行业领域应用该技术的工程经验,阐明了质量功能展开的基本原理、应用程序,并通过工程示例予以说明。

本书共分5章,其主要内容如下:

第1章概述,比较全面地介绍了QFD技术,包括QFD的产生与发展、概念、分析模型、反映的核心理念、特点和作用,以及QFD研究与应用的发展方向。

第2章常用的QFD分析模型——质量屋,包括质量屋的结构、质量屋和质量屋系列建立的实施程序,并给出了质量屋技术在某舰轴系安装工艺中的应用案例和质量屋系列在某型飞机研制中的应用案例。

第 3 章多维结构的 QFD 分析模型,包括二维结构的 QFD 分析模型在大型复杂产品研制中应用的局限性及系统屋技术的提出、系统屋的结构、系统屋和系统屋系列建立的程序、系统屋的分析方法、系统屋的功能和特点,介绍了系统屋技术应用软件,并给出了系统屋技术在某武器装备研制的用例。

第 4 章 QFD 与其他方法的结合,包括 QFD 与 QC 新老七种工具、TRIZ 和田口方法、价值工程、统计过程控制、故障模型影响分析、六西格玛改进和设计以及并行工程的应用。

第 5 章 QFD 其他量化评估方法,论述了深化 QFD 应用的量化评估方法,并介绍了德尔菲法、带信任度的德尔菲法、模糊聚类方法、模糊综合评判、改进的层次分析法、工程措施权重确定的模糊层次分析法等方法。

中国运载火箭技术研究院的余梦伦、王小军,中国航天标准化与产品保证研究院的陈永宏、贺石彬,中国空间技术研究院的遇今等同志参与了本书前期相关课题研究工作。卿寿松、李良巧、王大钧、孟炳中、张仁兴、张华等同志对本书的编写提供了许多指导和帮助。在此,一并表示衷心感谢!

由于作者水平有限,本书难免有不当之处,恳请读者批评指正。

作　者
2010 年 12 月

目　　录

第1章 质量功能展开概述

1.1 QFD 技术的产生与发展

1.1.1 QFD 技术在日本的产生与发展

1966 年,日本三菱重工神户造船厂针对产品质量与可靠性问题,提出了质量表的雏形,通过这种质量表将顾客需求与如何实现这些要求的控制措施联系起来,用于定制货轮的顾客需求分析和优化研制生产资源配置。这标志着质量功能展开(Quality Function Deployment,QFD)技术的问世。1972 年,当时日本山梨大学的赤尾洋二教授在日本的《标准化与质量管理》杂志上发表了题为"新产品开发和质量保证——质量展开系统"的论文,首次提出了质量展开的 17 个步骤。不过,当时的质量功能展开技术与现在的有很大不同,主要是针对制造工序中用因果分析,对于如何根据顾客的要求设计质量考虑不充分。与此同时,石川馨等专家把价值工程(Value Engineering,VE)中的产品功能分析扩展到业务的操作功能分析,提出了业务展开的概念。随后,水野滋教授基于戴明 PDCA 循环,提出了衡量业务系统质量的方法,进而提出了在日本称为狭义的质量功能展开。20 世纪 70 年代初期,这些研究工作被结合到一起形成了被称为广义的质量功能展开。

1978 年,水野滋、赤尾洋二教授编写的《质量功能展开》由日本科学技术联盟出版,这是第一本全面介绍 QFD 的著作,将许多企业应用 QFD 成果编入其中。该书从全公司质量管理的角度介绍了该方法的主要内容。其中,由赤尾洋二教授重新提出的质量功能展开 27 步骤,对企业开展 QFD 起到了重要的指导作用。

同时,以赤尾洋二教授等日本专家为首成立 QFD 研究组织,开展 QFD 的研究与推广工作。1977 年,日本质量管理学会成立了质量展开研究会。1988 年,日本科学技术联盟成立了质量功能展开研究会,并从 1991 年开始定期召开质量功能展开研讨会,1995 年开始每年举办一届国际质量功能展开研讨会。

质量功能展开经过了多年推广应用,从机械制造发展到电子仪器、家用电器、服装、集成电路、合成橡胶、建筑设备、软件开发、服务业等。关西日本电器、关西电力、河西工业、爱知制钢、住友金属矿山等著名企业都有应用 QFD 成功开发产品的报告。赤尾洋二教授总结了各行业企业质量功能展开运用过程中的经验和教训,编写出版了《灵活应用质量展开的实践》一书。赤尾洋二教授等质量管理专家又陆续编写出版了《质量展开入门》、《质量展开法——质量表的制作和练习》、《质量展开法——包括技术、可靠性、成本的综合展开》。这些著作建立起质量功能展开的理论方法。

QFD 技术产生之后,已有数千个成功案例被发表在日本《质量管理》、《标准化与质量管理》、《质量》等杂志上。据统计,QFD 技术的成功应用平均可以为企业节约工程费用 30%、缩短设计周期 30%、降低项目启动费用 20%、降低产品投放市场时间 30%。例如,丰田汽车公司 20 世纪 70 年代后期使用 QFD 以来,新产品开发启动成本降低了 61%,而开发周期则下降了 1/3。

1.1.2　QFD 技术在全球的传播与应用

QFD 在美国的传播始于 1983 年福特汽车公司邀请石川馨带领日本的科学技术联盟成员对美国公司的全面质量管理进行指导。同年,赤尾洋二等在美国质量协会会刊《质量进展》上发表题为"日本的质量功能展开和全公司范围的质量控制"的文章,参加了在芝加哥举办的"全公司质量管理和质量展开"研讨班。通过这些活动,QFD 被逐步地传播到美国。

1984 年,美国质量专家 Bob King 从日本归国,率先在福特汽车推行 QFD。之后,美国的劳伦斯成长机会联盟/质量与生产力中心(Growth Opportunity Alliance of Lawrence/ Quality,Productivity Center,GOAL/QPC)和美国供应商协会(American Supplier Institute,ASI)在美国开展 QFD 的培训和咨询,每年举办大规模的专题研讨会,大力推广 QFD。美国的《质量进展》和《哈佛商业评论》从1986 年—1989 年发表的关于 QFD 的系列文章引起了美国企业界的极大关注,对于 QFD 在美国的迅速传播起到了推波助澜的作用。1989 年,美国麻省理工学院(MIT)与洛克韦尔(Rockwell)国际公司共同成功举办了由 GOAL/QPC 和ASI 赞助的第一届北美 QFD 研讨会。之后每年举行一届,为企业发表 QFD 应用成果、交流成功经验提供了平台。

除福特公司外,通用、克莱斯勒等美国汽车企业都成功采用了 QFD 方法。其他许多著名公司也成功实施了 QFD 方法,如宝洁公司(P&G)运用 QFD 改进了销售;数字设备公司(DEC)运用 QFD 改进内部的顾客/供应商关系;惠普公司(HP)将 QFD 用于改进硬件和软件产品的设计;英特尔(Intel)公司将 QFD 用于改进产品的稳健性;洛克韦尔国际公司将 QFD 用于新产品开发等。

美国的军事工业也十分重视 QFD 方法的运用。许多美国军方的管理文件都把 QFD 技术列为应推广的质量工程技术。例如,1987 年美国空军颁布的《可靠性和维修性 2000 大纲》中,将 QFD 列为减少质量波动、提高产品可靠性的重要方法之一。1988 年美国国防部发布的 DODD 5000.51《全面质量管理》文件中也明确规定 QFD 为承制美军产品的厂商所必须采用的技术。美国国防部可靠性分析中心出版的《产品可靠性蓝皮书》也把 QFD 作为了解和分析客户需求的一种方法。美国国防部还把 QFD 的应用作为实施并行工程的重要内容。

美国军事工业和宇航工业结合军工产品和航天产品研制特点,对 QFD 进行了扩展性研究和成功应用。例如,麦道公司在侦察机开发时,全部设计过程以 CAD 模型为基础,将 QFD 技术用于计算机系统结构;洛克韦尔公司应用 QFD 技术开发驾驶员逃逸系统;NASA 刘易斯研究中心应用 QFD 技术为空间探测装置的核热推进系统进行系统分析,综合提出结构和选择关键需求。在 NASA 和美国空军空间系统部联合开发的先进发射系统过程中,QFD 技术作为支持手段用于从概念到实施过程传递并跟踪顾客需求。

意大利从 1985 年开始研究 QFD,是第一个应用 QFD 的欧洲国家,并且于 1993 年在米兰举办第一届欧洲 QFD 研讨会。瑞典被认为是欧洲推广应用 QFD 相当活跃的国家,从 1987 年开始 QFD 研究,并且于 1997 年成功举办了第三届国际 QFD 研讨会,目前瑞典爱立信、沃尔沃(Volvo)等著名公司也都有成功运用 QFD 的案例。20 世纪 80 年代末,QFD 先后传播到其他欧洲国家,如丹麦、奥地利等。

韩国 1978 年—1985 年每年由韩国标准化协会举办 QFD 培训班,并于 1994 年成立了 QFD 研究会。南美洲的巴西在日本海外发展团和日本科技联盟的帮助下也成功地导入并迅速推行 QFD,仅在 1994 年和 1995 年,获得的 QFD 成果就达 48 个。1999 年,第五届国际 QFD 研讨会成功在巴西举行。

目前,QFD 技术已经在全球推行。美国三大汽车公司共同制定的质量管理体系标准及在此基础上形成的汽车工业质量管理体系的国际标准也将 QFD 的应用作为要求纳入其中。ISO10014:2006《质量管理—财务和经济效益实现指南》的主要内容是指导企业遵循八项质量管理原则,并提供了若干种适用的方法和工具,QFD 技术名列其中。近年来,风靡全球的六西格玛管理和并行工程都把 QFD 技术作为一种重要的技术。随着全面质量管理的深入和六西格玛管理的推广,QFD 技术已经在全球范围,尤其是发达工业国家广泛推行。

1.1.3 QFD 技术在我国的引入与推行

1979 年,由我国质量管理专家刘源张先生率领的质量管理实习团赴日本小松制造所学习全面质量管理,其中一个内容就是编制质量表。回国后,该实习团撰写的《实习报告》中有专门章节介绍了这项工作。这是我国第一份介绍 QFD 的公开资料。十年后,福建省质量协会会刊《福建质量管理》以增刊的形式全文翻译刊登了水野滋和赤尾洋二的著作。20 世纪 90 年代初,在日本留学学者通过不断在《标准化与质量管理》、《中国质量》、《管理工程学报》等国内质量管理杂志上发表文章,向国内介绍 QFD 理论和国际上 QFD 的最新发展动向。1994 年以后,受原国家技术监督局质量司邀请,赤尾洋二教授等日本研究 QFD 的专家多次来北京、上海等地举办 QFD 讲习班。与此同时,访美的国内质量专家从美国引入以质量屋分析模型为主的 QFD 技术。

我国自 20 世纪 90 年代初引入 QFD 以来,对 QFD 展开了一系列的研究和实践。2005 年,中国质量协会成立了 QFD 研究会,举办了第一届 QFD 高层研讨会,组织了多次 QFD 培训班。2008 年,中国质量协会又开展了质量技术奖 QFD 优秀项目的评选。同年成功举办了第 14 届 QFD 国际研讨会。这些活动有效推动了国内对 QFD 的研究和推广应用工作。随着我国企业界对 QFD 了解的不断深入,许多企业应用 QFD 技术来提升质量竞争力,获取竞争优势。QFD 应用领域不断拓展,从国防科技工业到民用制造业、软件工程及系统开发、服务业、房地产、大学教育、政府职能运作等。

1.1.4　QFD 技术在我国国防科技工业的引入、研究与应用

从 20 世纪 90 年代,我国国防科技工业开始对 QFD 技术进行引入、研究与应用。当时的国防科工委就开始大力组织 QFD 技术的跟踪研究、应用研究、试点应用和推广工作,尤其是在航空、航天工业组织开展 QFD 技术的应用研究和型号试点应用。近年来,原国防科工委组织开展对 QFD 等质量工程技术的应用研究和推广应用工作,GJB/Z 9004—2001《质量管理体系　业绩改进指南》、《国防科技工业领导干部质量与可靠性培训教材》等把 QFD 作为重要的质量工程技术加以推广。

中国航天标准化研究所承担了国防科技工业技术基础质量与可靠性专业的课题《QFD 技术在航天产品研制中的应用研究》、《QFD 与 FMEA 技术综合应用研究及工具开发》等课题,提出了一种尤其适合大型复杂产品研制生产应用的多维结构的 QFD 分析模型——系统屋,开展了 QFD 与 FMEA 技术结合应用研究,开发了应用软件,与中国运载火箭技术研究院合作将研究的方法与软件应用于某型运载火箭的总体方案论证和总体设计,为我国航天科技工业这一重大项目的立项论证研究和总体方案设计工作做出了贡献,其研究与应用成果获得国防科技工业科技成果三等奖,应用软件获得国家软件著作证书。

此外,成都飞机设计研究所在引入 QFD 技术方面做了大量的开拓性工作,

并结合飞机型号研制进行了 QFD 应用性研究和工程应用。中国船舶综合技术经济研究院将 QFD 应用于军船建造工艺设计中,在舰船电磁兼容施工设计中的应用取得了良好效果。西安航天动力技术研究所将 QFD 技术应用于在火箭发动机设计中顾客需求分析,并考虑将 QFD 与 DOE 等方法相结合。中国北方发动机研究所将 QFD 技术应用于发动机产品的设计开发。

虽然,国防科技工业开展了 QFD 技术的跟踪研究、应用研究和试点应用等工作,但是,QFD 技术尚未得到广泛的推广应用。

1.2　QFD 技术的概念

日本质量专家水野滋、赤尾洋二等结合所提出 QFD 分析模型,提出了广义的 QFD 和狭义的 QFD 的概念。水野滋将狭义的 QFD 定义为:"将形成质量保证的职能或业务,按照目的、手段系统地进行详细展开"。广义的 QFD,即 QFD 是由综合的质量展开和狭义的质量展开组成。综合的质量展开中质量的含义是多方面的,它包括质量、成本和可靠性,赤尾洋二将其定义为:"将顾客的需求质量转换成代用质量特性,进而确定产品的设计质量,经过各功能部件的质量,直到每个零件的质量和工序要素,系统地展开它们之间的关系"。日本专家提出的 QFD 概念的基本构成如图 1.1 所示。

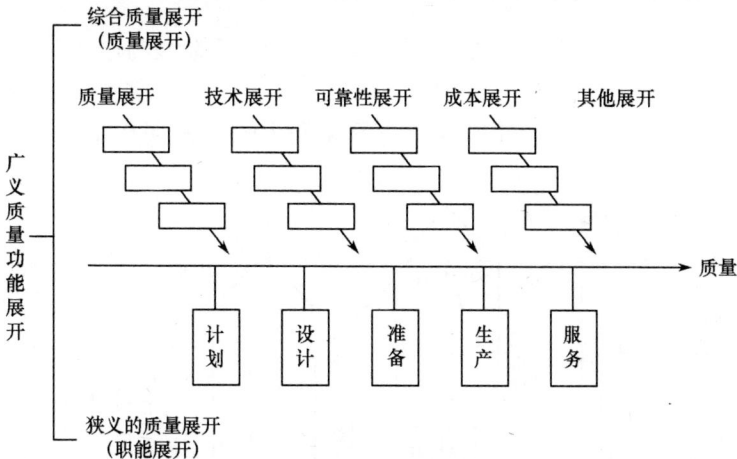

图 1.1　日本专家提出的 QFD 概念的基本构成

美国供应商协会的开创者 L. P. Sulliven 认为:"QFD 作为一个总体概念,它提供了一种方法,通过这种方法,可以在产品开发和生产的每个阶段把顾客需求转变为适当的技术要求。"可见,Sulliven 把 QFD 定义为一种方法,看做一种过程。另一位美国专家 Lou Colen 认为:"QFD 是一种结构化的产品计划与开发方法,该方法使得产品开发小组能够清楚地了解顾客的需求,并能对所提出的产品或服务的性能,根据其对顾客需求的满足程度进行系统地评价"。

通过分析国外质量专家对 QFD 论述,我们认为,QFD 技术是一种直观地把顾客或市场的需求逐步转化、展开、分解的多层次演绎分析方法。它是通过建立用图形表示的一系列量化评分表、相关矩阵的组合,对顾客需求、工程措施、需要条件等影响质量的因素和指标进行细化分解、加权评分、相关分析、权衡分析以及反复迭代,最后达到系统优化。

1.3 QFD 技术的分析模型

1.3.1 日本综合的 QFD 分析模型

赤尾洋二教授认为,QFD 可以看做是由一系列关系组成的网络,通过这一网络,顾客需求被转化为产品质量特征,产品的设计则通过顾客需求与质量特征之间的关系被系统地展开到产品的每个功能组成中,并进一步展开到每个零部件和生产流程中,通过这一过程,最终实现产品设计。

1.3.2 美国供应商协会的四阶段式的 QFD 分析模型

美国供应商协会(ASI)的 QFD 分析模型中的四个阶段与产品开发全过程的产品计划、产品设计、工艺计划和生产计划相对应。通过这四个阶段,顾客要求被逐步展开为工程措施、零件特性、工艺要求和生产要求,见图 1.2。

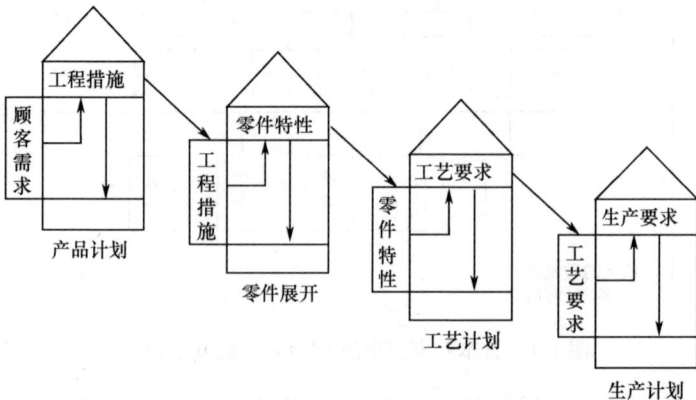

图 1.2 ASI 四阶段式的 QFD 分析模型

图 1.2 表示了 ASI 四个阶段的质量功能展开分析模型。其中零(部)件展开阶段质量屋"左墙"的工程措施是产品计划阶段质量屋中关键的工程措施，"天花板"是为实现设计要求而提出的零(部)件特性。与此相仿，工艺计划阶段质量屋的"左墙"应为零件特性，"天花板"是工艺要求；生产阶段质量屋的"左墙"应为工艺要求，"天花板"是生产要求。

1.3.3 美国劳伦斯成长机会联盟/质量与生产力中心的 QFD 分析模型

美国劳伦斯成长机会联盟/质量与生产力中心(GOAL/QPC)的开创者 Bob King 提出的 QFD 模式，通常称为 GOAL/QPC 模式。该模式包括 30 个矩阵，涉及产品开发过程诸方面的信息，对于 QFD 系统中的各种活动提供了良好支持。Bob King 从系统、组织的角度对 QFD 作了阐述，认为 QFD 是一个根据顾客的需求来设计产品和服务的系统，该系统包含了生产商或供应商的所有成员。该模式包括质量展开(Ⅰ)、技术展开(Ⅱ)、成本展开(Ⅲ)、可靠性展开(Ⅳ)在内的综合性质量设计和管理步骤。Bob king 在他的《时间减半设计更佳(Better Designs In Half the Time)》一书中对该模式有更详细的解释。GOAL/QPC 模式的优点是比较适合复杂的系统和产品，比 ASI 模式具有更大的灵活性；其缺点是不易理解，其中各种活动之间联系的逻辑性不强，在应用上缺乏可换性。

上述三种模式代表了 QFD 研究和实践的基本形式，它们之间既有联系又有区别。日本综合 QFD 模式是起源，而 ASI 模式和 GOAL/QPC 模式则是由此演变而来。这三种模式的本质是相同的，都采用了直观的矩阵展开框架。这三种定义都阐明了这样一种观点，即 QFD 可以保证顾客的需求早在产品设计阶段就被体现、落实到产品开发过程中。

ASI 模式简单明了，抓住了 QFD 的实质，其单瀑布式的分解模式易于理解，并且对企业组织结构关联较少，没有太多的相关信息支持的要求，因而迅速成为欧美企业实践的主流模式，它能快速地用于产品的质量改进与开发。

1.4 QFD 技术反映的核心理念

QFD 技术作为一种事前的策划和系统分析的方法，一种识别和分析"顾客的声音"并将其系统性地转化为工程和管理措施的方法，一种能够对定性问题进行定量化分析的方法，体现了全面质量管理的"顾客至上"、"源头抓起"、"标杆管理"、"系统策划"、"定量化管理"和多学科协同的理念。QFD 技术的分析模型是 QFD 外在的"形"，而 QFD 反映的理念是 QFD 内在的"神"，研究和应用

QFD,不仅要运用其分析模型,更要理解和落实这些理念。

1. 顾客需求牵引

QFD 强调产品设计与开发必须以顾客的需求为出发点,在产品开发生产过程传递"顾客的声音",努力满足顾客需求和期望,以实现顾客满意和顾客忠诚为最终目标。顾客的需求、偏好和期望应成为整个产品开发过程的关键驱动因素。面向顾客满意是 QFD 最重要的理念。

2. 从源头抓起

产品寿命周期成本绝大部分在产品设计阶段就已经确定了,而且在质量问题中相当一部分,甚至绝大部分是由不良的产品设计造成的。由此可见,产品开发过程中早期的设计决策对产品整个寿命周期具有决定性作用。QFD 最适合在产品开发的早期,这时是产品质量形成的源头。

3. 关注竞争性

QFD 强调通过顾客市场竞争性分析和技术竞争性分析,将本企业产品与选定的其他同类产品进行比较,力争设计开发出超越竞争对手的竞争性产品。

4. 体现系统性

QFD 从满足市场需要出发,通过市场调查确定系统目标并把它展开到工程措施。这种方法明确了系统内部各要素之间的联系,而且把这种关系定量化,保证了从市场要求、产品特性、零部件质量、工艺要求到工序要求系统地转换。

5. 定量化分析

QFD 的一个重要特点就是对顾客需求、竞争能力等定性要素进行量化分析,将其转化为工程或管理措施,并最好提出定量化的工程指标,通过对顾客需求重要度、关系矩阵以及竞争能力等影响质量的因素进行量化评估,可以提高 QFD 的应用效果。

6. 多学科协同

应用 QFD 强调,按照分析的对象,建立一个多学科小组是产品开发与设计成功的关键。跨专业、多学科的产品开发小组的组建可以打破企业各部门之间的障碍,系统地分析各方面的相关因素,并有效地促进交流与协作。

1.5　QFD 技术的特点和作用

QFD 技术具有下列特点和作用:

(1)以满足市场和顾客需求为出发点,深入地分析顾客需求,分解顾客的需求,在产品开发全过程系统地传递"顾客的声音",将其转换为企业内部的工程要求、技术和管理措施。这样,抓住产品质量形成的源头。

（2）适用面广，可以用于软硬件产品开发、决策支持分析、工作策划与展开、质量管理体系建立、质量改进等项目，尤其适用于产品开发研制中的顾客需求分析、总体规划和系统设计。

（3）可以用于在产品开发或一项管理活动的一开始，就全面、系统地考虑所有因素，包括质量、成本、进度等，对定性问题进行定量化分析和展开，寻找和解决关键问题，作为实施并行工程的重要工具，以同时达到提高质量、降低成本和按时交货的要求。

（4）运用图形技术对产品实现全过程和影响质量的多因素进行系统展开和综合权衡，分析模型直观、形象，可操作性强。

（5）可以与创新性解决问题理论（TRIZ）、价值工程、田口方法、试验设计（DOE）、故障模式与影响分析（FMEA）、故障树分析（FTA）、亲和图法（KJ）、矩阵图法、系统图法、层次分析法（AHP）、头脑风暴法、模糊评价技术、统计过程控制（SPC）等方法有机结合、相互补充，构成一个质量工程技术体系，并作为开展六西格玛管理的重要工具，在产品开发、目标管理等活动之中灵活应用，尤其是复杂产品研制生产过程中组合式应用，以实现产品研制生产全过程的整体优化。

1.6　QFD 研究与应用的发展方向

随着 QFD 技术理论的日趋完善和计算机技术、信息技术等其他相关支撑技术的发展。QFD 的发展趋势逐渐显现以下发展趋势。

1. QFD 的规范化

尽管 QFD 是一种柔性很强的方法，但是，随着 QFD 的日趋成熟和其应用的不断深入，有必要对其中某些共性的东西加以规范化，例如，QFD 方法的工作流程、实施手段等，这也有助于 QFD 在企业中的推广和应用。

2. QFD 的应用融入项目的论证和研制流程

由于 QFD 主要是用于传递、展开顾客需求，通过顾客需求重要度分析等提出工程措施，开展竞争性分析，因此，QFD 有效应用的发展就是融入论证、方案设计和工程研制阶段，作为其中一项开展论证设计及相关的决策和管理工作必不可少的重要活动和分析工具。

3. 智能化、集成化计算机辅助 QFD 应用平台的构建

由于 QFD 在应用过程中需要具有丰富经验知识的本专业领域专家，针对在顾客需求提取过程和 QFD 展开过程相关信息不足和过分依靠个别专家经验等局限，应用现代计算机软件技术，建立专家支持系统是应用 QFD 的必然趋势。

4. QFD 与模糊集理论的集成应用

在 QFD 的展开过程中,需要大量的输入信息。许多情况下,这些输入信息是人为的判断、认识等。因此,这些输入信息常常是模糊的,而处理模糊的知识正是模糊集理论的"专长",所以模糊集理论在 QFD 理论的展开过程中大有用武之地。

5. QFD 的应用领域不断拓宽

尽管 QFD 主要是针对产品开发提出的,但人们已将 QFD 成功地应用于软件开发、服务、医疗、教育等领域中。QFD 与工作分解结构、故障模式与影响分析、田口方法的结合应用也是 QFD 的发展趋势,随着 QFD 的不断发展,其应用领域与范围必将不断地拓宽。

第2章 常用的 QFD 分析模型——质量屋

2.1 质量屋的结构

QFD 技术的分析模型是通过一系列矩阵展开图表的形式,量化分析顾客需求与工程措施之间的关系。由于美国引入 QFD 技术以后将其分析模型的结构以"房屋型"结构加以描述,将其形象地称为"质量屋"(House of Quality,HOQ),如图 2.1 所示。目前,在全球多种 QFD 分析模型中,质量屋是最通用的。

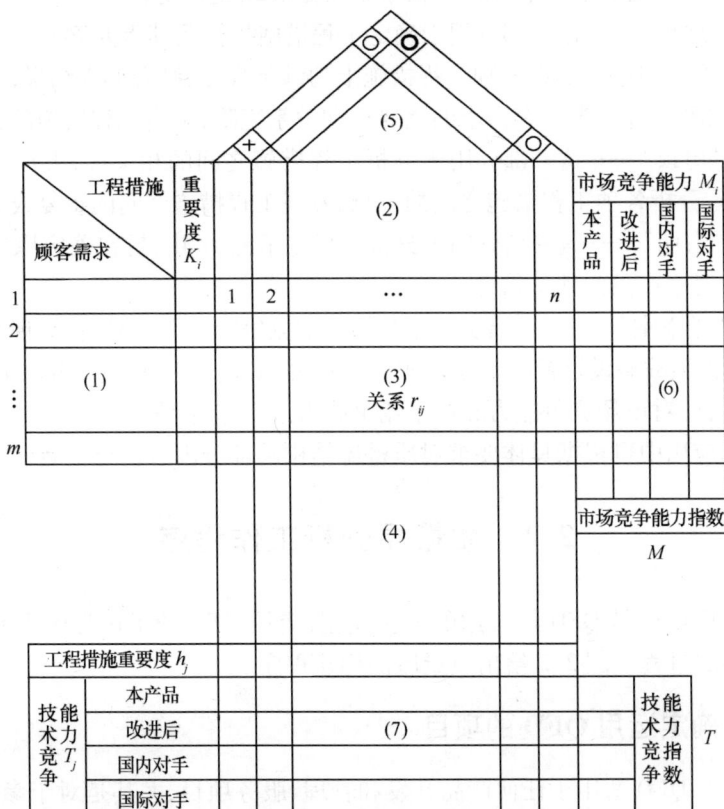

图 2.1 质量屋的结构

按照质量屋的结构来构建质量屋的过程,就是运用 QFD 技术进行分析的过程。质量屋包括以下几个部分:

(1)"左墙"——这一部分用于分析和确定顾客需求及其重要度 K_i。顾客需求是质量屋的输入信息,应简单明确地描述顾客对产品的需要和期望。顾客需求的信息应通过充分的市场调研和走访顾客等方法来取得,在此基础上加以系统地梳理,然后通过直接打分法、排序法或层次分析法等方法来评定各项顾客需求的重要度。

(2)"天花板"——这一部分用于提出工程措施,即针对各项顾客需求逐一列出相对应的技术措施和管理措施,这些措施的有效实施能够使顾客需求得以实现。

(3)"房间"——这一部分用于分析顾客要求与工程措施的关系度 r_{ij}。这里,顾客需求就与工程措施形成关系矩阵,反映从顾客需求到工程措施的映射关系,表明各项工程措施对各项顾客需求的贡献和相关程度。

(4)"地板"——这一部分用于确定工程措施指标及其重要度 h_j。分析本企业产品与竞争对手产品在各项工程措施上的满足程度,结合调查结果,初步确定工程措施指标,并根据顾客需求的重要度和关系矩阵,确定工程措施的权重。

(5)"屋顶"——这一部分用于分析工程措施之间的相关度,形成三角形的相关矩阵,分析各项工程措施之间的影响,发现工程措施之间的重复或不协调。

(6)"右墙"——这一部分用于分析市场竞争能力 M_i,旨在确定顾客对本产品及竞争对手产品的评估信息。

(7)"地下室"——这一部分用于分析技术竞争能力 T_j,根据企业现有技术能力及技术发展战略设定新产品对每项工程措施的实现水平,用量化分值进行评估。

最后,应对市场竞争能力和技术竞争能力进行综合评价。

实际应用中可根据具体要求对质量屋结构的部分内容进行裁剪。

2.2　质量屋分析工作程序

由于质量屋是 QFD 最常用的分析模型,应用 QFD 的工作程序主要就是构建质量屋的过程。图 2.2 给出质量屋的构建程序。

2.2.1　确定运用 QFD 的项目

原则上 QFD 适用于任何产品开发和管理、服务项目,尤其是对于参与国内、国际市场竞争的产品和服务项目的策划,对于涉及多因素的、相对比较复杂的产品的研发方案和总体设计等工作,就可以考虑作为运用 QFD 的项目。

```
┌─────────────────────────┐
│  确定项目,组建 QFD 小组  │
└─────────────────────────┘
             │
┌─────────────────────────┐
│      调查顾客需求        │
└─────────────────────────┘
        │         │
┌──────────────┐ ┌──────────────┐
│  确定顾客需求 │ │  市场竞争能力 │
│    重要度     │ │    分析      │
└──────────────┘ └──────────────┘
        │
┌─────────────────────────┐
│      建立工程措施        │
└─────────────────────────┘
             │
┌─────────────────────────┐
│      工程措施确认        │
└─────────────────────────┘
        │         │
┌──────────────┐ ┌──────────────┐
│  完成关系矩阵 │ │ 技术竞争能力分析│
└──────────────┘ └──────────────┘
        │
┌─────────────────────────┐
│     初步设定工程         │
│     措施指标            │
└─────────────────────────┘
             │
┌─────────────────────────┐
│      完成相关矩阵        │
└─────────────────────────┘
             │
┌─────────────────────────┐
│     确定工程措施指标     │
└─────────────────────────┘
             │
┌─────────────────────────┐
│      确定工程措施        │
└─────────────────────────┘
             │
┌─────────────────────────┐
│     全面评估质量屋       │
└─────────────────────────┘
```

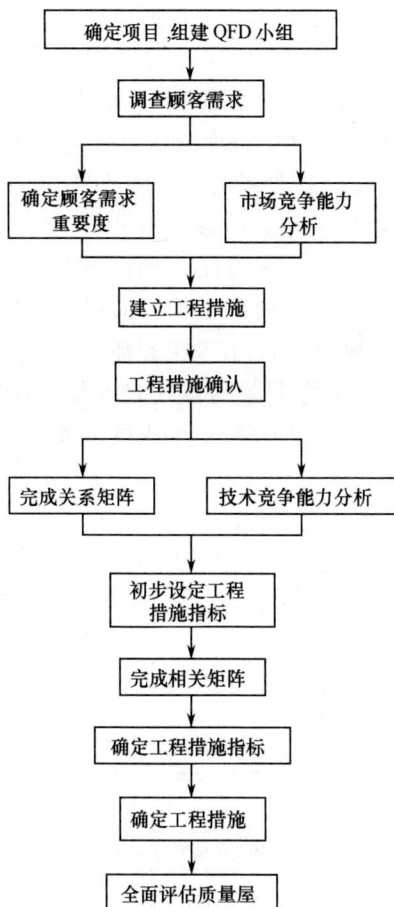

图 2.2　质量屋的构建程序

对于现有产品某项质量改进和可靠性增长、某个零部件或局部工艺的改进、故障分析、已知设计缺陷改进等硬件产品开发、分解落实目标、方案选择、软件开发、服务和管理项目时则可根据其涉及面的大小,由相关项目负责人来决定QFD项目的立项。

对于一个单位,应用 QFD 通常应遵守由易到难的原则,开始时选择规模适当的项目,如产品的改进或改型,所需的时间和精力不太多,效果容易衡量,通过一个个的项目成功应用 QFD 以加深对其方法的理解,为在大型复杂产品开发中应用 QFD 技术打下基础。

2.2.2　成立多功能综合 QFD 小组

在较为复杂产品的研制生产项目中应用 QFD,行之有效的方法是成立一个

13

多功能的、综合的 QFD 工作小组,其成员根据项目的需要而定,可能需要市场营销、计划管理、质量管理、财务会计、设计、工艺、制造、采购、售后服务等方面的人员参加。为了更充分地分析和准确地把握顾客的需求,包括顾客的潜在需求,可邀请顾客代表参加 QFD 小组。当 QFD 分析对象为某项质量问题的改进、某个故障的纠正、某个部件的设计修改或某工艺的改进时,QFD 小组成员的范围可适当减少,只要有关的设计、工艺人员参加即可。QFD 小组的负责人应由熟悉该项工作情况的技术或管理人员来担任。例如,美国雷声(Raychem)公司曾经组建 QFD 小组,任务是开发适于美国市场的 CATV 连接器系统。该小组中市场、销售、制造和质量工程师各一名,开发工程师三名,公司技术工程师两名。在该项目进行过程中,基于特定的需要,采购代表也参与了小组的工作。

在 QFD 项目实施的过程中,QFD 小组成员发挥各自的工程技术知识和经验,提出在研制各阶段将会遇到的问题,把问题过程解决在萌芽状态,形成协调一致的解决办法,侧重防范和克服设计和生产中存在的各种风险,确保工程过程中不出现致命缺陷。最好确定一名相关知识面广、掌握 QFD 方法的人员,全面记录整理 QFD 小组活动开展过程中的情况,并形成分析报告。

QFD 小组工作流程见图 2.3。

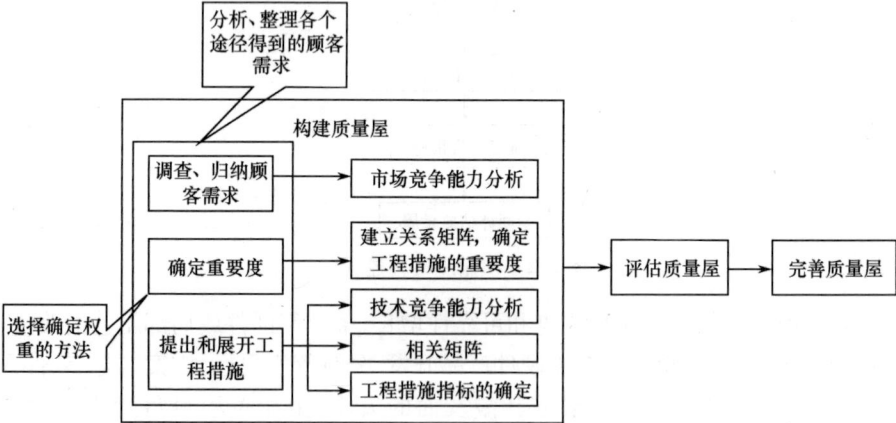

图 2.3　QFD 小组工作流程

2.2.3　顾客需求的确定

1. 顾客需求的理解

按照日本质量专家提出分析顾客需求的 KANO 模型,顾客对产品的需求可以分为基本需求、特性需求和激动人心的需求,如图 2.4 所示。

图 2.4 中,"基本需求"是顾客对产品的基本要求,界定了此类产品的必备

14

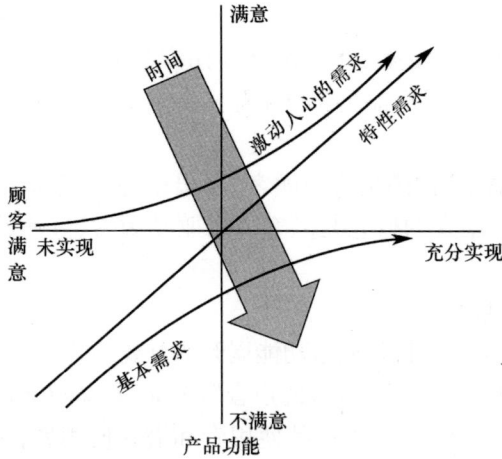

图 2.4　KANO 模型

能力,如汽车能够行驶、冰箱能够制冷、导弹具有杀伤力等。这类需求由于被视为理所当然,因此在顾客提供的信息中有时被遗漏,但如果得不到满足,会大幅增加顾客的不满意度。另一方面,它对于超额满足对顾客满意度(CSI)的贡献不大(图形的斜率很小),至多只能是不使顾客感到不快而已。"特性需求"是顾客对产品功能和性能的期望,如汽车乘坐舒适度、电冰箱耗电少和噪声低、导弹维修性等,在市场调查中得到的大部分需求属于"特性需求"。对这类需求,顾客满意程度与需求实现程度大致成正比,产品的供应商必须不断改进产品或服务的相关性能,根据顾客表达的需求尽可能提供个性化的产品与服务。"激动人心的需求"是顾客潜在的或尚未考虑到的需求,主要靠承担产品研制生产的供应商发掘。如果能提出令顾客喜出望外的需求并在产品中实现,会使产品具有"魅力质量",极大地吸引顾客,显著提高顾客满意度(斜率很大)。

在收集顾客需求时,这三类需求都要考虑到,并注意其间的区分。当然这三类需求也是相对而言的,随着技术的进步、产品的变化和顾客需求的提高,原来"激动人心的需求"会逐步转化为"特性需求",原来的"特性需求"则会转化为"基本需求"。

在识别顾客需求的过程中,对不同类型的需求有不同的步骤。对于"基本需求"和"特性需求",其识别可以分为细分顾客、细化环境和操作动作的细化三个步骤。

(1)细分顾客是指将所有可能在产品使用过程中体现差异性的顾客的个体、群体——列出,可根据产品的特点,收集并建立自己特有的顾客特征分类表。

(2)细化环境是指所指的环境,意指产品使用时的外部环境,包括时间、地

15

点、气候等。

（3）操作动作的细化是指，由于顾客使用产品的过程是由连续的操作动作组成的，为了明确顾客对产品的需求，需要将典型的操作动作分离出来用于分析。

"激动人心的需求"的满足将使顾客"喜出望外"，识别此类需求，可以通过扩展顾客外延、寻求隐含的概念与顾客需求驱动因素、多元的质量分析尺度的方式。

2. 顾客需求的收集

顾客需求的收集和分析是质量功能展开的首要环节，必须给予充分的重视。在国外，这一过程被称为收集"顾客的声音"（Voice of the Customer, VOC）。这里"顾客"是一个广义的概念，除了产品使用者和潜在使用者，必要时还应包括主管部门、分销商、产品维修人员等在产品寿命周期内关系密切的组织和人员，对于大型复杂产品的开发，顾客的声音将来自更多的方面。

为了全面收集顾客的信息，要从以下几方面入手：

（1）合理确定调查对象。一般来说，在开发新产品时应重点调查与开发产品的潜在顾客；在对现有产品进行更新代换时，应首先重点调查现有产品的顾客。

（2）市场调研，深入到产品使用现场，通过调查表、重点调查、抽样调查、运用特尔菲法、顾客代表座谈会、电话调查等形式了解和归纳顾客对未来产品的需求，这些方法都有其特点和运用技巧，应有针对性地灵活选择运用。

（3）同类产品质量跟踪和售后服务信息分析，了解现有产品中令顾客满意或抱怨的质量特性。

（4）将有关的政策法规、标准、规范等纳入顾客需求或作为产品开发的约束条件。

（5）分析公司的战略和策略在产品开发中的贯彻方式，提炼出必要的顾客需求。

（6）产品发展的现状与趋势分析，通过媒体及专业杂志等手段收集信息，分析处理，把握产品发展方向，结合 QFD 小组的智慧风暴（Brain Storming）会议，对上述方式得出的顾客需求进行筛选和补充。

在进行市场调研时，应对不同层次的、有不同需求的顾客进行区分。为了更好地了解顾客对产品的需求，可以设计和采用相应的表格，对顾客展开调查。一般而言，在设计调查表时，通过更好地融合产品的实际使用情景，了解顾客的使用方式及要求，经整理后提炼出顾客需求，会取得很好的效果。表2.1是一个供参考的调查表形式。

表 2.1　"顾客的声音"调查表

序号	顾客特性(谁)		顾客的声音	用途									
	直接/推测	信息		什么		何时		何处		为什么		如何用	
				直接/推测	信息	直接/推测	信息	直接/推测	信息	直接/推测	信息	直接/推测	信息

表 2.1 中,"直接/推测"表示该信息是顾客直接表达的,还是根据顾客的意思做的推测;在"顾客特性"的"信息"栏中,记录企业希望获取的顾客的信息;在"顾客的声音"栏中,以顾客语言的形式描述顾客对产品的期望;"用途"下的各"信息"栏对"顾客的声音"做了补充说明,细化了产品的使用场景;"什么"表示了产品所满足的顾客的需要,是主要用途还是第二位的用途等;"何时"、"何处"记录了产品的使用场景,如产品使用的时机、季节、频率、地理位置、周围环境等;"为什么"用于记录顾客提出该需求的动机,是出于安全考虑、个性化需求,还是要求产品具有特有的属性等;"如何用"描述了该项需求对应的产品操作程序或使用方法,是持续应用还是偶发的应用等。应根据需要填写这些信息,以方便根据调查内容分析和归纳顾客需求。

3. 顾客需求的整理

收集到的顾客需求信息,其内容涉及功能、质量、价格、进度等多个方面,其形式有要求、意见、抱怨、评价、希望,需要把这些信息整理转换为用简单、规范语言表达的情报信息,即对作为质量功能展开分析输入的顾客需求的表达有一定要求,主要包括:

(1)用语简洁,无歧义;

(2)一项顾客需求只表达一个特定的意思;

(3)不把对应的工程措施(技术解决方案)作为顾客需求;

(4)便于工程人员理解;

(5)同一级别的顾客需求彼此独立,内容无重复交叉。

"顾客的声音"提供了原始的顾客需求,应按照上述原则和采用科学的方法对"顾客的声音"进行分解、归并、筛选,对用语进行规范化处理,以便于工程人员可据此提出相应的解决方案。

整理顾客需求可采用亲和图法。这种方法主要是把收集到的杂乱无章的文字资料,如收集来的事实、意见、设想,按其相互接近性质加以归类合并、作图,从中找到解决问题的方法,具体步骤如下:

(1)把每项顾客需求分别填在一张小卡片上,去掉内容重复的卡片,再把所

有卡片排列起来;

（2）把内容相近的卡片聚为一堆,形成综合卡片,起一个可以概括其内容的名字,以作为高一级的顾客需求,并另外写在标签卡片上,制作标签的关键在于不能失掉原卡片含义的细微差别;

（3）将标签卡片按内容相近程度聚堆、起名,作为更高一级的顾客需求,并再另外写在卡片上;

（4）如有必要,继续上一个过程,直到顾客需求被系统而分层次地组织起来。

对于简单的产品,顾客需求可能只有一级,对于稍复杂的产品,为了深入细致地分析顾客对产品的要求,可能会建立多级顾客需求。建立质量屋时,提取前二级或前三级顾客需求即可。质量屋中顾客需求和工程措施的项数都不宜过多,否则会影响工作效率。必要时,可增加质量屋的层次或分为几个并列的质量屋加以展开,或删除一些影响轻微的顾客需求和工程措施,或将其做一定的归并,以减小质量屋的规模。表2.2给出了两级顾客需求,其构成了质量屋"左墙"的例子。

表2.2　电磁兼容性能需求分析表

第一层次顾客需求	第二层次顾客需求
1　技术设计合理	1.1　总体布置合理
	1.2　设备选型合理
	1.3　有相应规范及措施
……	……
5　操作使用规范	5.1　电磁管理规范健全
	5.2　人员综合能力提高
……	……

4. 军工产品顾客需求的确定

军工产品与一般产品相比具有如下特殊性:

（1）顾客数量少,顾客群相对单一,顾客对产品研制生产过程介入深,收集顾客需求有很强的针对性,不同于家电行业要等随机抽查顾客意见的做法;

（2）生产批量小,针对具体类型的产品展开顾客需求的调查;

（3）顾客多为团体,其高层领导具有决定权;

（4）类似产品的数据记录,可以作为满足顾客需求的依据。

顾客需求的来源通常有以下途径:

（1）研制总要求或研制任务书、合同;

（2）向使用部门进行调查、咨询；

（3）相关产品标准、规范、技术管理文件；

（4）专业机构及行业研究报告；

（5）国外同类产品的资料；

（6）立项投标过程中获得的资料。

通过上述途径得到的顾客需求有些是不明确的，甚至是零散的，涉及质量、性能、价格、寿命、可靠性、维修性、安全性等方面，QFD 小组应对不规范、不系统的顾客需求信息用亲和图法进行整理、加工和提炼，将其转化为适用于研制生产的语言，最终整理出顾客需求。

2.2.4　顾客需求重要度的确定

QFD 小组归纳整理得到顾客需求，但这些需求一方面不一定同等重要，另一方面还只是定性要求，因此，需要对每一项需求进行重要性分析，给出权重系数作为该项需求的重要度，把定性问题定量化。

顾客需求重要度确定的最常用方法是加权评分法，即 QFD 小组成员以工作经验为主要根据确定各项顾客需求的重要度的分值。这种方法简便易行，工程上广泛使用，但受数据准确度、操作者经验和水平的影响。

顾客需求的重要度 $K_i(i=1,2,\cdots,m)$ 可采用 1、2、3、4、5 表示各重要度等级：

1——不影响功能实现的需求；

2——不影响主要功能实现的需求；

3——比较重要的影响功能实现的需求；

4——重要的影响功能实现的需求；

5——基本的、涉及安全的、特别重要的需求。

顾客需求重要度可用权重的形式表达，即

$$K_i' = \frac{K_i}{\sum\limits_{i=1}^{m} K_i}$$

鉴于这种方法确定的顾客需求重要度有较大的主观性，最终应有技术负责人确认数值。例如，按照上述原则，QFD 小组成员根据工作经验和相关研究中提出的重要度评分原则，确定出某产品顾客需求的重要度，参见表 2.3。

表 2.3　顾客需求重要度

配合好	表面粗糙度	结构强度	寿命期	环境适应能力强	使用性能好
3	3	3	3	3	4

2.2.5 市场竞争能力分析

在进行顾客需求分析的基础上,对新产品的市场定位进行策划。其方法是通过进一步征询意见,调查研究,与竞争对手的产品进行水平比较,分析新产品对每一项顾客需求的满足程度,并求出本产品、改进后产品及竞争对手产品的市场竞争能力。这一分析过程形成了质量屋的"右墙"。

(1)进行市场竞争能力比较分析,评定现有同类产品和竞争对手产品的竞争力。在可能的情况下,把这些产品摆放在一起,客观地评估它们对各项顾客需求的满足程度,量化打分。

市场竞争能力 $M_i(i=1,2,\cdots,m)$ 可取下列 5 个数值表示:

1——无竞争能力可言,产品积压,无销路;

2——竞争能力低下,市场占有份额递减;

3——可以进入市场,但并不拥有优势;

4——在国内市场竞争中拥有优势;

5——在国内市场竞争中有较大优势,可以参与国际竞争,占有一定的国际市场份额。

(2)对新产品的市场竞争能力进行定位。对各项顾客需求,从企业技术能力、物资保障条件和发展策略入手确定新产品应达到的满足程度,并给出量化分值,修正顾客需求满意度。

(3)对市场竞争能力 M_i 进行综合后,获得产品的市场竞争能力指数 M 为

$$M = \frac{\sum\limits_{i=1}^{m} K_i M_i}{5 \sum\limits_{i=1}^{m} K_i}$$

若计算出的新产品市场竞争能力数值低于企业的要求或战略目标,则重新设定新产品对各项顾客需求的满足程度,根据技术可行性适当提高量化分值。在选择工程措施时,要保证工程措施所确定的技术方案足以支持新产品达到所设定的市场地位。

为明确新产品相对于现有产品的水平提高程度,可计算新产品对应于每项顾客需求的水平提高率 $L_i(i=1,2,\cdots,m)$,即

$$L_i = \frac{\text{新产品的市场竞争能力}}{\text{现有产品的市场竞争能力}}$$

表 2.4 为举例轴系安装满足规定要求的市场竞争能力分析。

表 2.4　轴系安装满足规定要求的市场竞争能力分析表

型号	□新产品	□改进产品	重要度	市场竞争能力分析			
一级	二级	三级	K_i	本产品	改进后	X 企业	Y 企业
轴系安装满足规定要求	物理特性	配合好	3	3	5	4	4
		表面粗糙度	3	4	5	5	4
		结构牢固	3	4	5	5	3
	功能性能	寿命期	3	3	4	3	3
		环境适应性强	3	4	5	4	3
		使用性能好	4	5	5	4	4
	……	……					

2.2.6　工程措施的确定

顾客需求有时以抽象的语言形式表现出来,不能直接转化为可以准确度量的工程措施,仅依靠这些需求难以进行设计、生产,需要转化为工程技术语言。针对如何满足每一项顾客需求,系统分析产品应具有什么设计要求或工程措施,并填入质量屋的天花板。工程措施应从整体着眼提出,而不仅是从现有产品的零件及工艺技术要求中总结得出,以免限制产品的设计方案,影响创造力发挥。对于所选择的工程措施,应有助于提出量化的指标,以便对该项工程措施的实现方法和可实现程度进行科学评估。质量功能展开应用于大型、复杂产品的开发时,可能对顶层质量屋的工程措施难以量化,此时工程措施及其指标的组合应能为后续的方案开发等工作指明方向,使设计人员可据此判断设计工作是否偏离轨道。初步得到工程措施后,应用亲和图对其进行整理。表 2.5 为轴系安装工程措施为例,反映工程措施与顾客需求的对应关系。

表 2.5　轴系安装工程措施

序号	顾客需求	质量要素		工 程 措 施
		第一层	第二层	
1	配合好	功能要素	配合性	中间轴与主机孔
				尾轴与中间轴孔
			抗力	抗振动能力
				抗扭曲能力
			运转性	传动能力
			稳定性	安全性
			密封性	中间轴密封
				尾轴密封
		时间要素	耐久性	使用寿命

序号	顾客需求	质量要素		工 程 措 施
		第一层	第二层	
2	表面粗糙度	物理要素	材料特性	耐腐蚀
				耐高温
		功能要素	抗力	抗振动能力
				抗扭曲能力
			运转性	传动能力
			密封性	中间轴密封
				尾轴密封
		时间要素	耐久性	使用寿命
4	寿命期	功能要素	抗力	抗振动能力
				抗扭曲能力
			运转性	传动能力
			稳定性	安全性
		时间要素	耐久性	使用寿命
5	环境适应能力	物理要素	材料特性	耐腐蚀
				耐高温
6	密封性	功能要素	稳定性	安全性
7	传动性	功能要素	配合性	中间轴与主机孔
				尾轴与中间轴孔
			运转性	传动能力

2.2.7 关系矩阵的建立

质量屋的房间表示顾客需求和工程措施之间的相互关系,以行和列的交叉点上填入数字形成的关系矩阵表示二者关系紧密程度。在建立关系矩阵时,应邀请有经验的专家以及相关科研人员进行座谈和探讨,尽可能分析清楚顾客需求与工程措施关系,在此基础上定量化确定两者相关程度。

用 r_{ij} 表示关系度进行量化评估,建议采用 1、3、5、7、9 等关系度等级:

1——该交点对应的工程措施和顾客需求之间存在微弱的关系;

3——该交点对应的工程措施和顾客需求之间存在较弱的关系;

5——该交点对应的工程措施和顾客需求之间存在一般的关系;

7——该交点对应的工程措施和顾客需求之间存在密切的关系;

9——该交点对应的工程措施和顾客需求之间存在非常密切的关系。

根据实际情况，必要时也可采用 2、4、6、8 中间等级。有时也采用 1、5、9 三个等级，◎表示 9，○表示 5，△表示 1，空白即为 0，表示不存在关系。

正常情况下，将关系度填入质量屋的房间后，数据没有规律，分布呈随机状态。若出现关系度数值异常分布，需要对顾客需求、工程措施进行检查和修改。当关系矩阵出现以下几种异常情况时进行修改：

（1）空行，即顾客需求没有对应的工程措施（图 2.5），这样需要重新评估顾客需求，或者增加可满足该项顾客需求的工程措施。

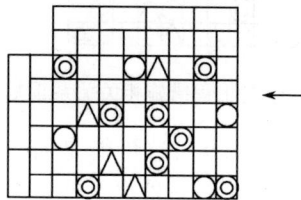

图 2.5　顾客需求没有对应工程措施的示意图

（2）空列，即工程措施与所有顾客需求的关系值都是 0（图 2.6），应检查该工程措施是由哪一项顾客需求推导出来的，是否应取消。

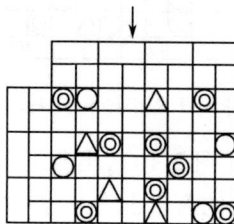

图 2.6　工程措施与顾客需求关系值都是 0 的示意图

（3）没有强相关关系的行，表明对应的顾客需求很难实现（图 2.7），应该考虑进一步提炼出强相关的工程措施。

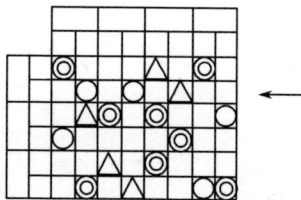

图 2.7　顾客需求与工程措施没有强相关关系的行的示意图

（4）相关关系重复的行（图2.8），表明在顾客需求层次划分上可能存在问题，应检查亲和图，判断一些细节是否被恰当地考虑了。这种现象可能是下一层的一些需求细节混入了上一层。相关关系重复这种情况如果使得某些工程措施权重过高，可能会对产品设计造成严重的影响。

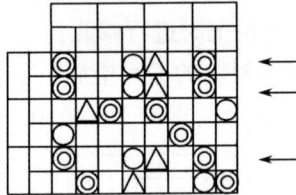

图2.8　顾客需求与工程措施相关关系重复的行的示意图

（5）相关关系密集出现（图2.9），这可能是需求和工程措施的层次划分上都出了问题，要重新检查并且纠正。另外也可能是工程措施的确定不恰当。

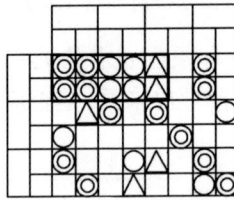

图2.9　顾客需求与工程措施相关关系密集行的示意图

（6）一行具有太多关系度（图2.10），出现这些情况的原因可能是第一层或第二层的顾客需求与较低层次的需求混合在了一起，应检查顾客需求层次树的分析过程。

（7）矩阵中太多的弱关系度（图2.11），表明工程措施的展开可能不够清晰，通常工程措施应该至少与一项顾客需求密切相关。

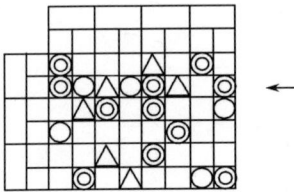

图2.10　顾客需求与工程措施一行
具有太多关系度的示意图

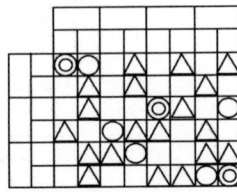

图2.11　顾客需求与工程措施太多
弱关系度的示意图

2.2.8 技术竞争能力分析

分析现有产品及竞争对手的产品对各项工程措施的满足程度,初步确定工程措施指标。由于工程措施通常是从技术的角度提出的,表示为各种具体的设计要求,因此,针对某一项工程措施评估各产品达到的技术水平时,应考虑是否能找到技术上的评价标准,以提高量化评分的可信度。

结合本企业的现有技术能力及技术发展策略设定新产品对每项工程措施的实现水平,进行竞争能力评估,用量化的数值表示。在设定新产品的技术竞争能力分值时,应考虑技术上的可行性,并对工程措施的指标进行相应修正,对需要实施的技术改造和技术攻关进行初步规划。完成量化评分后,计算这些产品的技术竞争能力和综合竞争能力。如得出的新产品的竞争能力不符合企业的产品发展战略,则重新确定相应的技术保证措施,并设定新产品的竞争能力分值。

技术竞争能力 $T_j(j=1,2,\cdots,n)$ 表示第 j 项输出因素的技术水平。技术水平包括技术指标本身的水平,本企业的设计水平、工艺水平和测试检验水平等,可采用下列 5 个数值表示:

1——技术水平低下;

2——技术水平一般;

3——技术水平达行业先进水平;

4——技术水平达国内先进水平;

5——技术水平达国际先进水平。

对技术竞争能力 T_j 进行综合后,获得产品的技术竞争能力指数 T 为

$$T = \frac{\sum_{j=1}^{n} h_j T_j}{5 \sum_{j=1}^{n} h_j}$$

T 值越大说明技术竞争能力越强。

综合竞争能力指数是市场竞争能力指数与技术竞争能力指数的乘积,即

$$C = M \cdot T$$

其中,C、M、T 值越大越好。

2.2.9 相关矩阵的确定

分析各项工程措施之间的交互作用,使各项工程措施相互协调,不重复。工程措施之间的相互关系可分为正相关、强正相关、负相关、强负相关和不相关。通常用下列符号表示相关度:

（1）正相关"○"，表示该交点所对应的两项工程措施间存在互相加强、互相叠加的交互作用；

（2）强正相关"◎"，表示该交点所对应的两项工程措施间存在很强的互相叠加的交互作用；

（3）负相关"×"，表示该交点所对应的两项工程措施间存在互相减弱、互相抵消的作用；

（4）强负相关"#"，表示该交点所对应的两项工程措施间的作用强烈排斥，有很大矛盾；

（5）空白表示该交点所对应的两项工程措施间不存在交互作用。

在进行工程措施之间的交互作用分析后，在质量屋屋顶对应的菱形空格中做出相应的标记（图 2.1）。根据工程措施之间的相关分析，对重复的、不协调的，甚至相互排斥的工程措施及其指标的选取进行深入的权衡分析，并对工程措施进行调整。

2.2.10　工程措施指标的确定

由于工程措施指标的确定是质量功能展开的重要一环，直接影响后续技术工作的开展，在相关矩阵完成后，应参照以下原则对工程措施指标进行必要的评估和完善。

（1）为彼此负相关或强负相关的工程措施设定指标时应进行权衡，因为它们对应的技术要求互相矛盾，不可能都按高标准取值；

（2）可参照业界领先水平或世界领先水平设定指标，以开发世界领先和国内领先的产品；

（3）对于重要度高或保持企业竞争优势作用重大的工程措施应按高标准设定指标，必要时对为此导致的成本和工作量的增加寻求管理层的支持；

（4）如受到本企业技术条件限制，则工程措施的指标设定要实事求是，着眼于总体方案的优化；

（5）对重要度不高的工程措施，应结合成本控制确定其指标。

应该指出，工程措施及其指标的选择与产品技术方案的确定是相互影响的。通过工程措施的组合形成了产品的初步设计方案，应对此方案进行全面的评估与优化，并根据优化的结果对工程措施进行必要的调整。先进的系统设计方法就是支持产品设计方案总体性、全局性优化和进行技术创新的有力工具。运用系统设计方法，还有助于将顾客需求科学地映射为功能要求、设计参数和工艺变量。

2.2.11 工程措施重要度的确定

工程措施的各元素对顾客需求的相关重要度 h_j 为

$$h_j = \sum_{i=1}^{m} r_{ij} K_i$$

如果第 j 项工程措施与多项顾客需求均密切相关,并且这些顾客需求较重要,即 K_i 较大,则 h_j 取值就较大,即该项工程措施较重要。

2.2.12 质量屋的全面评估

在进行上述质量屋分析后,应由 QFD 小组进行讨论、修改,应特别注意工程措施之间的不协调之处,对产品的关键技术和竞争能力进行认真、充分的讨论和评估。主要讨论和评估的问题包括:

(1)顾客需求重要度排序与满足该需求的工程措施的重要度排序是否明显不对应?

(2)质量屋中各数据可信度如何,是否需要重新评估?

(3)工程措施与竞争对手产品的质量特性差异是否符合企业的战略?

(4)对负相关及强负相关的工程措施如何处理? 是否引起颠覆性问题?

(5)工程措施的指标是否先进合理?

(6)哪些工程措施应转入下一阶段质量功能展开进行深入分析?

对质量屋进行权衡分析是非常有用的,尤其是当相关矩阵中出现负相关和强负相关时,说明对应的两项工程措施间存在不利的交互作用,或者是互相抵消、互相矛盾的,应对这两项工程措施及其指标的选取进行深入的权衡分析研究。处理方法通常有两个,一是细化目标顾客群。对于定位准确的目标顾客群,可能其顾客需求只需其中的一项工程措施既可满足,或强负相关的工程措施的重要度有很大差别,可据此开发工程措施侧重点不同的系列产品。另一个方法是综合权衡,以最大程度地满足顾客需求为目标,对矛盾的工程措施进行深入的权衡分析,以便调整工程措施,减弱其交互作用,或对两项顾客需求决定取舍。

还有一类异常的情况也值得关注,即当技术水平与市场竞争能力在某些顾客需求上出现矛盾时,应进行深入分析并采取必要的对策。例如,对应于第 i 项顾客需求与加权重要度很高的第 j 项工程措施的技术水平很低时,应考虑能否进行技术改造或设计、工艺方法的改进等以提高第 j 项工程措施的技术水平,保证产品在第 i 项顾客需求方面的市场竞争能力。如第 j 项工程措施的技术水平受条件制约,确实难以提高,可考虑是否采用其他的工程措施来满足顾客需求,以此保证新产品市场竞争能力值。

这样,经过全面评估,确认了质量屋的系统性和合理性。

2.2.13 关键措施的确定

应用质量功能展开应强调突出重点,避免绘制庞大的质量屋图。遵循关键少数的原则,着重把影响满足顾客需求的关键措施向下展开。判定关键措施的主要是依据工程措施重要度。一般将重要度高于所有工程措施重要度平均值的1.2倍或1.25倍以上的工程措施作为控制重点。根据工程经验,部分工程措施的重要度虽然不够高,但技术实现难度较大,或对该项技术的现状不满意,认为需要进一步提高,对这些工程措施也必须重点攻关。关键措施在多个阶段的质量屋中都存在,可按下列原则进行分析确认:

(1)现有技术不能实现的关键技术;

(2)涉及或导致成本过高的零部件;

(3)质量和可靠性达不到要求的指标;

(4)新开发的工艺和材料等;

(5)顾客评价和企业自身水平在行业中不占优势,甚至是处于落后地位;

(6)在功能实现上可能影响系统可靠性和其他功能的实现。

找出关键措施后,应组织力量攻关,优化关键措施的设计方案,使产品开发中的技术障碍得以解决,以免延误研制周期或留下质量隐患。

2.3 质量屋系列

运用质量屋分析模型进行系统展开和综合权衡的过程,可以描述为建立质量屋和构建质量屋系列的过程。构建质量屋系列主要采用以下步骤:

第一步,根据分析的对象,确定建立各质量屋的位置,选择相对独立的产品研制阶段或专题作为建立质量屋的位置。

第二步,确定各质量屋的输入和输出,输入在质量功能展开的不同阶段内涵不同。下一阶段质量屋的输入是根据上一阶段质量屋的输出。第一阶段质量屋的输入来自顾客需求的调研和分析,这是其后各阶段输入展开的起始信息。

第三步,形成质量屋系列的框架,即明确质量屋之间的前后衔接、左右相邻、上下从属的相互关系,从而形成与各质量屋之间接口明确、综合权衡、反馈及时、逐步展开的质量屋系列。

在具体运用中,可以根据实际情况对质量屋进行适当的裁减和扩充。例如,一般地下室和右墙在第一阶段的质量屋中有,但是在后续阶段可以根据需要决定是否可以裁减;屋顶的相关矩阵也可以根据实际情况决定取舍,用于方案选择的质量屋,因其技术措施为各项备选方案,故可以不考虑相关矩阵。左墙和天花板根据情况可以只建立一级顾客需求和工程措施,也可细分为多级需求和措施。另外,质量屋的结构可以根据实际需求而改变。

在实际应用中质量屋系列的形成是一个渐进的过程。最初只是根据经验、专家建议和可参照项目大体上确定一级质量屋的位置和相互关系。随着系统分析的逐步深入、展开和反复迭代,不断补充、修改一级质量屋的位置和相互关系,并进一步确定二级、三级质量屋的位置和相互关系。确定质量屋系列一般应用系统图、网络图、程序图等分析方法。

2.4 质量屋应用案例——QFD 在
舰船轴系安装工艺中的应用

2.4.1 案例简介

舰船轴系是舰船动力装置的重要组成部分,包括从主机到推进装置之间的传动轴及保证推进装置正常工作所需的全部设备,在航行过程中有主机发出动力,通过中间轴、艉轴传达到螺旋桨,带动螺旋桨转动,从而使舰船前进或后退。舰船轴系不仅要有良好的推动性能,而且还要满足在使用环境条件下具有良好的密水性、扭曲等项目要求。因此,舰船轴系安装时舰船建造中关键过程之一,轴系安装质量的好坏,将直接影响舰船的航速和密水性,最终影响作战任务的完成。

2.4.2 成立 QFD 小组

传统的工艺设计是某造船厂工艺职能部门为主导完成的,虽然也有其他部门人员的参与,但不是直接负责,因此存在这些人员不能将自己的观点和思考问题的方法完全表达的局限。通过 QFD 方法进行某型舰船轴系安装工艺设计时,为了消除原先各部门之间联系不紧的问题,明确各自责任,成立由设计、工艺、质量、器材供应、财务部门以及用户代表组成的联合 QFD 小组,共同进行工艺设计,工艺部门的人员担任小组负责人。

2.4.3 舰船轴系安装需求质量到质量要素的展开

1. 需求质量的确定

轴系安装需求质量是进行舰船轴系安装工艺设计的基础,因此以需求质量的收集整理作为 QFD 的开始,形成舰船轴系安装需求质量的来源有 3 个途径:

(1)设计单位转入的轴系安装图纸及其技术文件中的技术指标。

（2）用户代表对建造的特殊要求：通过他们向使用单位进行调查或咨询，了解对舰船的质量信息和对新建舰船的意见，同时也间接地了解其他船厂同类产品的性能和动态。对此类顾客采取面谈调查方式。

（3）与顾客的沟通：通过一年一次的用户访问，可获得建造的舰船主机系统的工作情况以及对轴系的要求。

用"亲和图法"对通过上述途径得到的不系统的顾客对舰船轴系安装工艺设计需求信息进行整理、加工和提炼，转化为适用于生产的语言，最终整理得出需求质量展开表，见表2.6。

表2.6　需求质量展开表

型号		新产品　　改进产品	
一级	二级	三级	
轴系安装满足规定要求	物理特性	间隙配合好；光洁美观；结构牢固	
	推动性能	寿命期长；环境适应能力强；密封性能好；传动性能好	
	……	……	

2. 需求质量重要度的确定

上述需求质量对满足顾客要求所起作用不同等重要，QFD小组成员根据工作经验和方法研究中提出的重要度评分原则，确定出轴系安装顾客需求质量的重要度，见表2.7。

表2.7　轴系安装需求质量重要度

间隙配合好	光洁美观	结构牢固	寿命期长	环境适应能力强	密封性能好	传动性能好
3	2	4	4	4	5	5

具体分析如下：

（1）间隙配合好：因主机与中间轴、中间轴与艉轴均为螺栓连接，如间隙配合不好，则将引起传动效率降低，将造成一定的经济损失，故定为"3"。

（2）光洁美观：轴系安装目前顾客主要注重的是实用性，因光洁美观不影响任务实现的需求，故定为"2"。

（3）结构牢固：因轴承支架要承受重达几吨的轴系重力及在主机工作时还要运转，如结构不满足要求，将引起重大经济损失，故定为"4"。

（4）寿命期长：舰船寿命一般为30年，与之匹配的轴系也应为30年，如轴系寿命不到30年将引起重大经济损失，故定为"4"。

（5）环境适应能力强：因长期在外执行任务，海上风浪大，需要能抗12级台风，故轴系要有较强的环境适应能力，如承受不了，将会引起人员伤害或任务失败,故定为"4"。

(6)密封性能好:因轴承常年浸在水里,如轴系密封性不好,将使舱内进水,会造成人员死亡,故定为"5"。

(7)传动性能好:因舰船随时会执行任务,传动性能是主机航速的主要指标,航速达不到设计要求,如发生战争将会被敌人攻击,造成舰船的毁坏,故定为"5"。

3. 质量要素展开

质量要素展开是实现对顾客需求相应的手段,按照需求质量→质量要素→工程措施的展开过程,对轴系安装第一层质量屋展开,见表2.8。

表2.8 质量要素展开表

序号	顾客需求	质量要素		工程措施
		第一层	第二层	
1	间隙配合好	功能要素	配合性	中间轴与主机螺孔
				尾轴与中间轴螺孔
			抗力	抗振动能力
				抗扭曲能力
			运转性	传动能力
			稳定性	安全性
		物理要素	密封性	中间轴密封
				尾轴密封
		时间要素	耐久性	使用期限
2	光洁美观	物理要素	材料特性	海水腐蚀
				耐高温
			抗力	抗振动能力
				抗扭曲能力
			运转性	传动能力
		物理要素	密封性	中间轴密封
				尾轴密封
		时间要素	耐久性	使用期限
4	寿命期长	功能要素	抗力	抗振动能力
				抗扭曲能力
			运转性	传动能力
			稳定性	安全性
		时间要素	耐久性	使用期限

序号	顾客需求	质量要素		工 程 措 施
		第一层	第二层	
5	环境适应能力强	物理要素	材料特性	海水腐蚀
				耐高温
6	密封性能好	物理要素	稳定性	安全性
7	传动性能好	功能要素	配合性	中间轴与主机螺孔
				尾轴与中间轴螺孔
			运转性	传动能力

2.4.4 关系矩阵的建立

在确定顾客需求与工程措施的关系矩阵时，多次邀请有二三十年轴系安装经验的老师傅参加座谈会，请他们提供轴系安装的种种信息，并结合关系矩阵建立原则，其目的是尽可能地使顾客需求与过程需求关系划分准确。舰船轴系安装需求质量屋的建立情况，详见图 2.12。

工程措施／顾客需求	重要度	中间轴与主机螺孔	舰轴与中间轴螺孔	抗振动能力	抗扭曲能力	海水腐蚀	耐高温	中间轴密封	舰轴密封	传动能力	使用期限	安全性	可靠性
间隙配合好	3	9	9	1	3			9	9	9	5	5	5
光洁美观	2				5	3							
结构牢固	4	9	9	9	7			7	7	3	5	5	5
寿命期长	4			7	7			3	3	5	7	3	3
环境适应能力强	4					9	7	3	3	1	3	1	1
密封性能好	5	7	7	1	1	3		9	9	3	5		
传动性能好	5	3	3	9	9			7	7	9			
		±1mm	±1mm	60Hz	5000N	3年不锈	500℃	无渗漏	无渗漏	好	30年	100%	99.9%
工程措施重要度		113	113	117	115	61	34	159	159	123	100	53	43

图 2.12　轴系安装顾客需求质量屋

2.4.5 工程措施重要度的计算和关键措施的确定

由需求质量重要度和关系矩阵的数值计算工程措施重要度，例如，"中间轴与主机螺孔"工程措施重要度计算过程如下：

工程措施重要度 $= 3 \times 9 + 4 \times 9 + 5 \times 7 + 5 \times 3 = 113$

依此类推,计算得各工程措施的重要度见表2.9。

表2.9　工程措施重要度

工程措施	重要度
中间轴与主机螺孔	113
艉轴与中间轴螺孔	113
抗振动能力	117
抗扭曲能力	115
海水腐蚀	51
耐高温	34
中间轴密封	159
艉轴密封	159
传动能力	123
使用期限	100
安全性	51
可靠性	51
平均值	98

关键措施重要度应明显高于一般工程措施重要度,一般将重要度高于所有工程措施重要度平均值1.2倍以上的工程措施列为关键措施,再综合考虑具体生产条件,确定如下：

(1)中间轴密封、艉轴密封的工程措施重要度超过1.2倍平均值,虽然顾客对该项技术的现状比较满意,也领先于其他船厂,但认为需要进一步提高,以保持竞争优势,故这两项工程措施要优先考虑列入第二级质量屋的左墙,作为重点攻关的对象。

(2)中间轴与主机螺孔、艉轴与中间轴螺孔、抗振动能力、抗扭曲能力的工程措施重要度虽然低于1.2倍平均值,但是在行业中不占优势。所以将这一类工程措施作为再展开的对象,列入第二级质量屋的左墙。

(3)传动能力的工程措施重要度超过1.2倍平均值,技术上能够保证获得用户满意,但在功能实现上很关键,并且影响到舰船其他功能的实现,所以也作为进一步展开的对象。但后续工作的重点放在现有的实现手段上如何进行控制,减小波动。

2.4.6 技术特性质量屋的建立

在建立技术特性质量屋(第二级质量屋)时遵循第一级质量屋在重要度的确定、工程措施的确定、关系矩阵的建立、关键工程措施的计算上使用的方法和原则。

由工程措施重要度的计算结果和关键措施的确定结果,舰船轴系安装第二级质量屋左墙中的工程措施是中间轴与主机螺孔、艉轴与中间轴螺孔、抗振动能力、抗扭曲能力、中间轴密封、艉轴密封、传动能力。建立的质量屋见图2.13。

工程措施　　　顾客需求	重要度	照光	镗孔	安装
中间轴与主机螺孔	2	5	9	7
艉轴与中间轴螺孔	2	5	9	7
抗振动能力	3	3	7	9
抗扭曲能力	3	7	5	9
中间轴密封	5	5	7	9
艉轴密封	5	5	7	9
传动能力	4	5	7	9
		十字线重合	顺锥度0.02/全长	艉轴压套
工程措施重要度		120	170	208

图2.13　轴系安装技术特性质量屋

本级质量屋建立过程中确定的技术措施只有三项:照光、镗孔、安装,不论是重要度的计算结果,还是工程实际都很重要,因此全部转入工艺计划质量屋的左墙。

2.4.7 工艺计划质量屋的建立与工艺规划

1. 工艺计划质量屋技术特性的内容

工艺计划质量屋技术特性即左墙由技术特性质量屋转入的关键技术措施:照光、镗孔、安装。

2. 工艺计划质量屋的建立

工艺操作质量屋的建立见图2.14。

工程措施 顾客需求	重要度	艉基准靶板中间靶板的定位安装	艏艉基准线的确认	艉轴管壳前后端中间靶板舱壁上先刷上白漆	投影靶的安装、调整	照光找中,划线	搭排安装、镗轴系孔	调正镗孔样榜尺寸	镗排及附件的吊装	镗排安装的电焊加固	压配衬套	塞入轴系	轴系安装
照明	3	7	9	9	9	9	5	3	3	3	5	5	9
镗孔	4	5	7	5	7	7	9	9	7	7	5	7	9
安装	5	3	5	5	5	7	7	5	5	3	7	9	9
		牢固到位	两线重合	不能有黑点	焦点清晰	敲上标记	精度锥度符合要求	符合要求	到位	牢固	到位	到位	到位
工程措施重要度		56	80	66	80	80	86	70	62	52	70	88	108

图 2.14 轴系安装工艺要素质量屋—工艺操作质量屋

3. 工艺规划的制定

1)确定工艺施工的准备工作

(1)舰船轴系安装基本条件:主甲板分段艏艉接通;下甲板与船体装焊、结构性完整提交及双层底油水舱等密封性检验结束;机舱主要设备进仓;基座装焊结束;轴承装焊结束。

(2)施工前环境检查:包括对生产场地、照明、高空作业保护、杂物清除、动力设施等生产辅助条件的检查,使之满足生产条件。

(3)仪器、设备及装备控制:指使仪器、设备在使用前满足条件所处的工作,如校验、保养、维修等。

2)编制质量控制表(表2.10)

表 2.10 轴系安装质量控制表

舰船型号				编号	QL	工艺名称	轴系安装	
序号	工序名称	操作步骤		工艺参数	质量控制要求	关键工艺装备	关键工时定额	关键工序标识
1	轴系拉线照明	①通光学投影仪电源;②检测基座安装尺寸;③检测镗孔的加工余量;④划出镗孔圆和检验圆;⑤打上芯冲孔;⑥测量、记录;⑦复校		基准点的十字线和投影仪的十字线要重合	①基准点的十字线和投影仪十字线重合;②工作场地附近无振动;③调节到两点重合后方能固定			

舰船型号			编号	QL	工艺名称	轴系安装		
序号	工序名称	操作步骤	工艺参数	质量控制要求	关键工艺装备	关键工时定额	关键工序标识
2	镗轴系孔	①搭排安装；②搭排校正中心；③粗切削加工；④精加工；⑤平面加工；⑥拆排；⑦尺寸测量	锥度符合要求	精加工前提交检验员	GZ	GD	GX
3	安装轴系	①艉轴管衬套②艉轴③车叶④密封及联轴节等⑤中间轴承	艉轴管衬套的压配	艉轴管衬套在安装时，要压配到位			

为了解决轴系安装过程中潜在问题，对由工艺质量屋和质量控制表确定的工艺设计进行分析，根据工程经验预测可以出现的工艺操作结果不能满足工艺参数，对既定功能的影响及各种可能的原因，并制定预防措施，确保工艺过程满足设计要求。

2.5 质量屋系列应用案例——QFD技术在某型飞机研制中的应用

为辅助确定飞机的设计方案，明确关键的工程措施，科学地指导设计工作的开展，由总体气动专家、结构专家、质量工程技术专家及顾客代表组成的多功能小组，与飞机的研制工作密切结合，运用扩展的QFD技术对某新型飞机的研制要求进行了系统的展开，并特别对中机身的结构设计进行了深入分析，辅助产生了优化的设计方案，对该型机研制的顺利开展发挥了积极作用。

2.5.1 军事反应选择的需求的展开分析

对于作战飞机研制来说，如何满足和适应国家军事的战略方针和对武器装备的要求是至关重要的。根据图2.15的流程，QFD小组应用质量屋分析模型从这种新型的作战飞机的任务需求到任务展开进行系统展开和综合权衡。

根据与顾客谈判、技术协调、论证、再谈判，在研制目标和战术技术要求等方面基本达成共识，形成了相关文件。该小组以此为依据，应用QFD的工作原理，

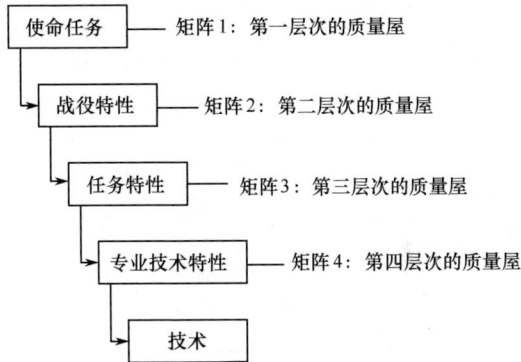

图 2.15 自顶向下设计的层次结构

找出了属于军事反应选择范畴的内容,如飞机将作为替换以前在役飞机的作战机种;要求飞机的机动性能、作战效能和维修性等比在役飞机提高一个显著的水平,并保持轻小型、低价格的特点。以此作为飞机的第一级质量屋(图 2.16)的左墙。根据这些研制目标要求,QFD 小组经过多轮讨论,得出了对应军事反应选择的使命任务要求,即某型飞机应是具有可靠的空中优势、适应空中护航巡逻要求,能突击敌战役、战术纵深目标,以低空亚声速空/空作战为主,兼有较强的空/地(海)作战能力,能发射中距拦射导弹,实现超视距作战的单发、单座、维护性好的轻型战斗机。将上述要求分解而成为第一级质量屋的天花板。

2.5.2 技术需求的展开分析

1. 使命任务质量屋的建立

针对各项使命任务,QFD 小组综合分析了研制合同规定的战技要求,找出了飞机的战役特性要求如下:飞机要突出中低空机动性、突出中低空高亚声速的格斗能力和常规对地攻击,典型空对地状态和空对空状态的作战半径满足顾客要求,维修性好,再次出动周期短,以便更好地完成作战使命。这样小组就开始建立飞机的第二级质量屋(图 2.17)。首先要进行优先级比较,优先级得分高的那些要求,在综合权衡过程中应优先考虑。

质量屋提供的信息对于指导进行权衡分析研究是非常有用的。尤其值得重视的是相关矩阵中负相关和强负相关符号所涉及的那些措施要求,它们的效果或影响是互相抵消、互相矛盾的,应该对这些工程措施的选取进行深入的权衡和分析研究,以便确定最佳的方案。对于第二级质量屋而言,这样的研究特别重要。从图 2.17 中可以看出,突出中低空机动性与作战半径等为强负相关。要对这些强负相关进行关键的权衡。QFD 工作小组对这几项措施从战术技术指标

矩阵1 使命任务 / 军事反应选择	重要度 K_i	具有可靠的空中优势	空中护航巡逻	突击敌战役战术纵深目标	对地支援	可完成多任务全天候	以低空亚声速空/空作战为主,兼有较强的空/地、海作战能力	能发射中距拦截导弹,实现超低空作战	轻型、售价低	单发、单座维护性好	市场竞争能力 M_i 本飞机	MIG21	国内对手	国外对手
替换老的在役飞机	5	9	7	7	5	9	7	5	9	7	4	3	3	5
夺取制空权、制海权和对地攻击	4	9	7	5	5	3	7	5	7	7	4	3	3	5
作战效能和使用维护性等比第二代提高一个显著的水平	4	7	5	3	3	5	7	5	7	5	5	3	3	5
保持轻小型,低价格的特点	5	3	1	3	3	3	3	1	9	9	5	3	3	3
											0.90	0.60	0.60	0.89
											市场竞争能力指数 M			
优先级 h_j		124	88	82	72	92	106	70	146	128				

技术竞争能力 T_j		具有可靠的空中优势	空中护航巡逻	突击敌战役战术纵深目标	对地支援	可完成多任务全天候	以低空亚声速空/空作战	能发射中距拦截导弹	轻型、售价低	单发、单座维护性好				
	本飞机	4	4	4	4	4	4	4	4	4	0.80	技术竞争能力指数 T		
	MIG21	3	3	3	3	3	3	3	4	4	0.65			
	国内现有技术	4	3	4	4	4	4	4	4	4	0.81			
	国外现有技术	5	5	5	5	5	5	5	4	4	0.92			

图 2.16　军事反应选择质量屋

矩阵2 战役特性 使命任务	重要度 K_i	突出中低空机动性	突出中低空高亚声速的格斗能力和中程拦射能力	常规对地攻击	典型空对地外挂状态的空对地作战半径	典型空对地外挂状态的空对空作战半径	体积小、成本低	再次出动周期短	作战地域要求
具有可靠的空中优势	5	9	7	1	1	7	3	1	5
空中护航巡逻	4	5	3	3	1	7	5	1	7
突击敌战役战术纵深目标	4	5	7	7	7	7	5	5	1
对地支援	3	3		7	7	1	5	5	1
可完成多任务/全天候	4	3	5	5	3	3	7	7	3
以低空亚声速空/空作战为主，兼有较强的空/地（海）作战能力	5	3	7	5	3	3	7	3	1
轻型、售价低	5	5	5	3	3	3	9	5	5
单发、单座、维护性好的战斗机	5	7	3	3	3	3	5	3	3
优先级 h_j		181	170	141	109	151	203	127	117

图 2.17 使命任务质量屋

的要求及经费的筹措等几个方面进行综合,进行战役级的权衡研究,优先级高的措施要求,也是在下一步需优先考虑的。

2. 战役特性质量屋的建立

针对飞机的第二级质量屋的战役特性,QFD 小组根据战术技术指标要求,经过计算、分析、权衡得到了下列有关的任务特性:①满足要求的任务特性;②具有操稳和自动架驶的飞控系统;③起飞着陆滑行距离短;④备油量足,适应远距离作战;⑤重量轻,造价低;⑥具有较强的外挂能力和足够的火力控制能力;⑦飞机的维护性好;⑧在高、低温环境下完成任务;⑨选择推重比大的发动机。这样小组就开始建立飞机的第三级质量屋,见图 2.18,并对第三级质量屋进行优先级比较和任务级的权衡研究。初步的权衡结果为:①采用正常式气动布局,为满足机动、远航程并兼顾最大 Ma 数要求,采取中等展弦比,中等后掠角的梯翼型并进行改型和适当弯扭处理等。②在满足战术技术要求的前提下,不盲目追求高指标,以适当控制技术难度;③尽量采用成熟的技术和选用成熟的成品附件。

3. 任务特性质量屋的建立

上述权衡结果,为总体方案和各系统方案的制定,确定了基本思想和原则。有了这些任务特性和基本思想、原则,小组就可以进行各专业技术特性的分析研究。由于飞机是一个非常复杂的系统,涉及众多的专业技术,如气动总体、结构传力、飞行操纵、液压、燃油、环控、动力推进、航电和武器、救生等许多专业,所以从第四和第五层次(矩阵 3 和矩阵 4)任务特性质量屋开始,实际上各是一组多专业的并列的质量屋(相当于飞机总体方案选择的质量屋),如图 2.19 所示。但地下室中的措施结果,是在各专业的技术特性展开后的初步结果,图中有一个时间差问题。

这里,仅选择结构设计的技术特性往下进一步展开。

4. 飞机结构设计方案选择质量屋的建立

用类似的方法,同样可以对飞机的各个功能系统的设计进行展开。有了飞机的总体方案,就可以进行飞机结构专业的方案选择。首先 QFD 小组根据飞机的任务特性,进行结构专业的任务分析,找出下列特性要求:①结构完整性要求;②继承性、现实性和先进性要求;③座舱数据应满足飞行员的人体数据要求;④疲劳、耐久性、损伤容限要求;⑤重量、重心、惯性矩、动平衡要求;⑥维修品质要求;⑦环境要求;⑧静强度要求;⑨寿命要求;⑩成本、风险控制要求等。这些特性要求与任务特性组成飞机的第四级质量屋,见图 2.20。从图中可以看出,成本、风险控制与结构完整性、先进性、寿命等要求都是负相关的,重量与结构完整性要求也是负相关的。针对这种情况,QFD 小组进行了专业技术级的权衡研究,为了控制成本和风险,尽量使设计简单可靠,处处考虑简、省、实用,不无限制

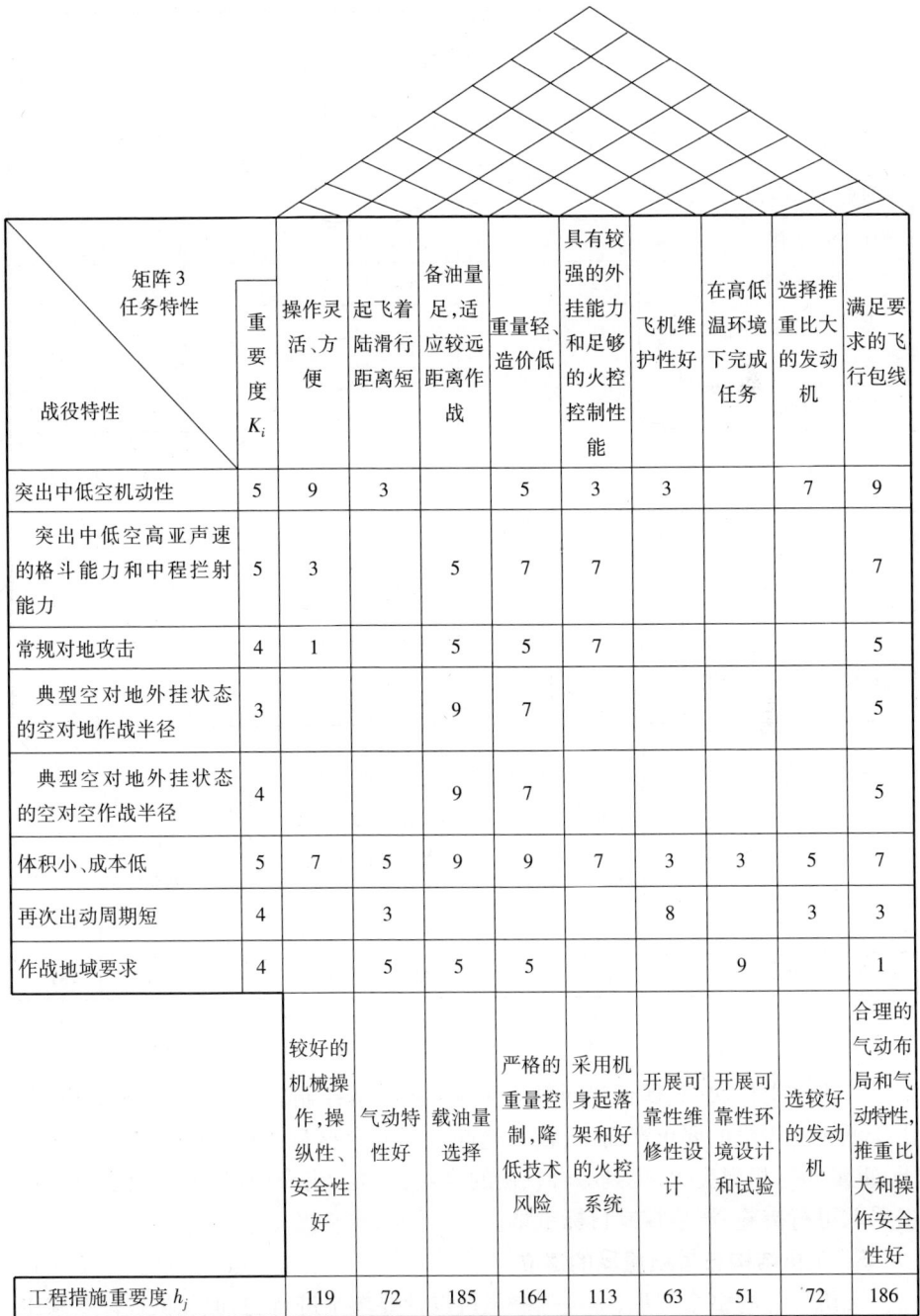

矩阵3 任务特性 / 战役特性	重要度 K_i	操作灵活、方便	起飞着陆滑行距离短	备油量足,适应较远距离作战	重量轻、造价低	具有较强的外挂能力和足够的火控控制性能	飞机维护性好	在高低温环境下完成任务	选择推重比大的发动机	满足要求的飞行包线
突出中低空机动性	5	9	3		5	3	3		7	9
突出中低空高亚声速的格斗能力和中程拦射能力	5	3		5	7	7				7
常规对地攻击	4	1		5	5	7				5
典型空对地外挂状态的空对地作战半径	3			9	7					5
典型空对地外挂状态的空对空作战半径	4			9	7					5
体积小、成本低	5	7	5	9	9	7	3	3	5	7
再次出动周期短	4		3				8		3	3
作战地域要求	4		5	5	5			9		1
		较好的机械操作,操纵性、安全性好	气动特性好	载油量选择	严格的重量控制,降低技术风险	采用机身起落架和好的火控系统	开展可靠性维修性设计	开展可靠性环境设计和试验	选较好的发动机	合理的气动布局和气动特性,推重比大和操作安全性好
工程措施重要度 h_j		119	72	185	164	113	63	51	72	186

图 2.18　战役特性质量屋

41

并列矩阵4 各专业技术特性 / 任务特性	重要度 K_i	气动总体方案选择	结构设计方案选择	飞行操纵系统方案选择	机械系统方案选择	动力系统方案选择	航电和武器系统方案选择	救生系统方案选择
满足要求的飞行包线	5	9		7	7	7	5	
操作灵活、方便	4	5		9		7		
起飞着陆滑行距离短	3	5		5	3	3		
备油量足,适应较远距离作战	5	5	7			5		
重量轻、造价低	5	5	3	5	3	3		9
具有较强的外挂能力和足够的火控控制性能	4		5	3	3	3	9	3
飞机维护性好	3	5	5					
在高低温环境下完成任务	3		3	3	3	3		3
选择推重比大的发动机	3					9		
		中单翼、低平尾、单垂尾、常规布局	机身整体油箱,技术新,工艺要求高,为关键技术	以机械系统为主,带有小权限控制增稳自动驾驶功能	采用成熟技术	一台函道涡扇发动机	航电武器选用国内成熟产品	选成熟的座椅
工程措施重要度 h_j		140	98	90	77	157	106	51

图 2.19 任务特性质量屋

追求先进和上档次,只保证满足顾客要求,并严格控制新材料、新技术的应用。由于顾客对飞机的要求严而全,在不允许采用复合材料和过多的新技术的情况下,重量问题相当突出,也是综合权衡的难点,只能严格按全机重量分配指标,积极采取可行措施,严格控制目标重量。

5. 飞机结构布置质量屋的建立

飞机设计的整个过程,都是围绕飞机设计要求来进行的,但飞机设计要求中所规定和提出的指标和要求众多,而且相互间又有矛盾,所以设计人员应当辩证地、综合地分析问题,合理妥善地处理一系列相互矛盾的要求,以寻求最合理的

矩阵4 结构专业技术特性 任务特性	重要度 K_i	结构完整性要求	继承性，现实性，先进性要求	座舱数据应满足顾客飞行员的人体数据要求	疲劳，耐久性，损伤容限要求	重量，重心，惯性矩，动平衡要求	维修品质要求	环境要求	静强度要求	寿命要求	成本控制、风险控制
满足要求的飞行包线	5	9	5		5	9	3		5	7	7
操作灵活、方便	4	7	5	9		5	3				3
起飞着陆滑行距离短	3	7	7			3				3	
备油量足，适应较远距离作战	5	7	5		3	3		3	3	5	
重量轻、造价低	5	5	7		5	9		5			9
具有较强的外挂能力和足够的火控控制性能	4				5		3	5	5	3	5
飞机维护性好	3		3	3			9	3			
在高低温环境下完成任务	3			5				3	9	3	1
选择推重比大的发动机	3	5	3		5	3					7
		机身结构为一整体，无使用分离	尽可能设计简单和可靠	开展人素工程	按疲劳设计，耐久性，损伤容限设计准则进行设计	满足飞机总体性能要求	开展维修性设计	使用的材料应满足各种环境要求	成熟技术	按要求设计	应用成熟的工艺和技术
工程措施重要度 h_j		171	144	60	100	143	33	111	60	90	136

图 2.20 飞机结构专业技术特性质量屋

方案,保证飞机结构满足以下功能要求:

(1)机体结构的强度一定要足以传递和平衡作用于飞机的空气动力载荷与合成惯性载荷;

(2)机体结构的刚度一定要足以在各种载荷(即外部压力、内部的油箱或座舱压力)作用下,保持所需的空气动力外形;

(3)机体结构一定要有足够的刚度,或者产生变形而不致引起有害的空气动力效应,例如,颤振不安定性。

因此,针对飞机的第四级质量屋的结构专业技术特性,QFD 小组根据战术技术指标要求,经过分析权衡得到了下列有关的结构方案:①全金属机体结构;②全机采用整体结构油箱;③全机设多个外挂点;④采用支柱式,用作动筒收放起落架;⑤发动机拆装;⑥机身结构无使用分离面;⑦加强框综合利用;⑧多梁式机翼结构;⑨平尾,直轴设计。这样就得到了飞机的第五级(结构布置)质量屋,见图 2.21。通过优先级比较和总体需求级的权衡研究,可知全机采用整体结构油箱得分最高,是飞机结构设计的重点。

2.5.3 飞机中机身结构设计质量屋的建立

1. 飞机中机身结构设计第一级质量屋的建立

由于某型飞机中机身结构设计要求高,受载大,要考虑的疲劳断裂问题多,结构、工艺复杂,协调问题多,机身整体油箱无设计经验和试验周期,集中载荷影响严重,由于主起落架通路的原因,使主交点框结构受到很大削弱,对油箱密封影响很大,因此必须在较短时间内从众多的因素中筛选出影响飞机设计要求的关键项目。为此,QFD 小组从飞机结构研究转入中机身结构研究。小组结合型号研制开展工作,对机身结构传力、机身机翼连接和油箱等方案进行筛选,以达到优化结构布局、提高结构效率、减轻飞机结构重量的目的。

根据第五级质量屋中总体对结构提出的需求,QFD 小组对结构专业的技术特性进行分析研究,得到了下列有关的中机身设计限制:①飞机外形要求;②外挂设备与飞机维修性;③采用机身整体油箱;④采用机身起落架;⑤结构传力方案;⑥全机载荷;⑦各系统协调要求;⑧机炮选取;⑨目标重量限制;⑩全机材料选用范围。这样就得到了中机身结构设计一级质量屋,见图 2.22。并对其一级质量屋进行优先级比较,优先级得分高的那些要求要优先考虑,此质量屋中"结构传力方案"得分最高(101 分),故在设计中应重视,而"机炮选取"一项得分最低(仅 14 分),当采用 30A 炮后,对中机身结构设计影响较小,所以转入下一个质量屋中未考虑此项对结构设计的影响。

结构方案 结构专业技术特性	重要度 K_i	全金属机体结构	全机采用整体结构油箱	全机设多个外挂点	采用支柱式,用作动筒收放起落架	后机身开口,进山洞式发动机拆装	机身结构无使用分离面	加强框综合利用	多梁式机翼结构	全动平尾、直轴设计
结构完整性要求	5	7	9	5	3	5	5	7	3	1
继承性、现实性、先进性要求	5	5	9	5	3	3	3	5	3	3
座舱数据应满足顾客飞行员的人体数据要求	2	1								
疲劳、耐久性、损伤容限要求	4	5	9	3	3	3	1	3	5	3
重量、重心、惯性矩,动平衡要求	5	7	9	7		3	3	3	3	3
维修品质要求	1	3		5	5	5	5		3	1
环境要求	4	3	7	1	3	5	3	1		3
静强度要求	2	3			5	5	3	5		
寿命要求	3	3	7		5	5	3	3	3	3
成本控制、风险控制	5	7	7	3	3	3	5	3	3	1
		不用复合材料,以减少成本	尽量增大载油量,满足航程	增加武器攻击能力	成熟技术,无风险	成熟技术方案	提高维修性	有利于重量成本等控制	与机身耳片连接	改善纵横向阻尼特性
优先级 h_j		182	255	124	99	122	116	126	102	80

图 2.21 飞机结构布置质量屋

2. 中机身结构设计第二级质量屋的建立

针对中机身的第一级质量屋的设计限制,QFD 小组对设计限制进行分析权衡,得到了以下技术关键:①结构传力方案布置;②外挂点布置合理;③主起落架传力设计;④机身纵向传力设计;⑤机身—机翼连接方案;⑥机身油箱设计;⑦机身口盖设计;⑧机炮载荷传递;⑨弹箱设计。这样就得到了中机身结构设计二级质量屋,见图 2.23。

中机身设计限制条件（一级） / 总体对结构要求（一级）	重要度 K_i	飞机外形要求	外挂设备与飞机维修性	采用机身整体油箱	采用机身起落架	结构传力方案	全机载荷	各系统协调要求	机炮选取	目标重量限制	全机材料选用范围
全金属机体结构	3	7			3	5				3	5
全机采用整体结构油箱	4	7		9		3		1		3	1
全机设多个外挂点	2		7		7						
采用支柱式，用作动筒收放起落架	4	3		3	5	5		7		3	3
后机身开口、进山洞式发动机拆装	3	3		3		7		5		5	3
机身结构无使用分离面	2					9	7	3	7	5	
加强框综合利用	2			5	5	3	7	3		3	1
多梁式机翼结构	3	3	9				5			3	3
全动平尾、直轴设计	3	3				3	5				
									采用 30A 炮		
优先级 h_j		88	41	67	53	101	58	59	14	73	51

图 2.22 机身结构设计质量屋（一级）

设计限制条件 （二级） ＼ 技术关键 （二级）	重要度 K_i	结构传力方案布置	外挂点布置合理	主起落架传力设计	机身纵向传力设计	机身—机翼连接方案	机身油箱设计	机身口盖设计	机炮载荷传递	弹箱设计
飞机外形要求	3	3		3	3	5	7		7	5
外挂设备与飞机维修性	3	3	9	3				7		
采用机身整体油箱	4	5	3	5	5		9	3		
采用机身起落架	4	7	3	9	7	9	5	1		
结构传力方案	5	9	3	7	5	7	5	3	9	5
全机载荷 QM 图	3	3			3	3	1			
各系统协调要求	2	1	3		3		3	3	5	3
目标重量限制	3	5		3	3		5	3	5	5
全机材料选用范围	1			1	5	5	3		3	3
		优化传力路线	均设置在加强框上	主起载荷主要由梁承担	采用梁式结构	采用耳片连接	优化油箱设计方案	采用新型标准件	与下侧梁连为一体	抽屉式弹箱
优先级 h_j		137	72	119	111	115	135	70	88	64

图 2.23　机身结构设计质量屋（二级）

3. 中机身结构设计第三级质量屋的建立

对此质量屋的技术关键进行分解，并综合考虑总体、强度、寿命、重量、作战半径、使用维修性以及零件制造、装配等对结构的要求，得到了需进一步攻关的重点项目：①增加载油量；②结构重量轻；③结构综合利用好；④并行作业功能强；⑤维修性好；⑥使用安全性好；⑦密封性好；⑧纠偏（超差补救）功能强；⑨技术经济性好；⑩结构强度、刚度好；⑪满足全机寿命要求；⑫主起落架支持刚度；⑬机炮传力设计；⑭机身纵向构件设计；⑮机身横向隔板布置；⑯翼身连接主交点框设计；⑰翼身连接接头设计；⑱横向刚度分配。这样得到了中机身结构设计第三级质量屋，见图 2.24。

47

图 2.24　机身结构设计质量屋(三级)

关键技术(三级) ＼ 攻关项目(三级)	重要度 K_i	增加载油量	结构重量轻	结构综合利用好	并行作业功能强	维修性好	使用安全性好	装配工艺性好	密封性好	纠偏(超差补救)功能强	技术经济性好	结构强度、刚度好	满足全机寿命要求	主起落架支持刚度	机炮传力设计	机身纵向构件设计	机身横向隔板布置	翼身连接主交点框设计	翼身连接接头设计	横向刚度分配
结构传力方案布置	5	7	7	5	3		5	5	3	3		5	5		7	7	5	3	5	
外挂点布置合理	3		3	3	3					3	3				3			3	3	
主起落架传力设计	5	5	5	5			5	3			5	5	5	9		5	7	7	5	5
机身纵向传力设计	3	5	5				3			3		3	5	5	5	7				
机身—机翼连接方案	5	7	5		3					7		7	3		5		5	9	9	7
机炮载荷传递	4		3	3	3		3	3				3	3	5	9	7	3			
机身油箱设计	5	9	5	3		9	9	7	7	9	5	3	3			5	3	5	7	5
加权后措施重要度		167	140	110	97	94	121	92	84	103	150	127	100	110	95	124	111	139	105	75

2.5.4　中机身结构设计质量屋的流程

分析上述 19 项攻关项目的内容,中机身结构设计可分为三条技术线进行:①机身油箱设计;②机身纵向结构设计;③机身横向结构设计。中机身结构设计质量屋的树状图,见图 2.25。三个分支有各自的技术难点和解决途径,对其优先级比较,在综合权衡过程中应给予优先级得分高的那些要求更多注意。尤其要重视结构重量与增加载油量,结构强度、寿命这些在相关矩阵中呈现强负相关的措施要求,在结构设计中要进行权衡,以找出最佳方案,使这些强负相关的措施得到对立统一。以下仅对机身油箱设计进一步展开,用类似的方法可对机身纵向结构设计及机身横向结构设计进行展开。

2.5.5　机身油箱结构设计的质量功能展开

1. 初步设计方案的形成与选择

为了满足矩阵 3 中任务特性"备足油量,适应较远距离作战"的要求,增加飞机的载油量成了一项关键指标,它直接影响是否满足飞机战术性能指标,由于机身油箱区飞机的气动外形复杂,而主起落架和各系统通路的要求又使油箱区的结构突变部位多,此外,机身油箱区的局部载荷过大。要保证机身油箱在满足其他设计要求(重量、寿命等)的情况下不漏油,难度很大。所以选用什么样的

```
┌─────────────────────────────────┐
│      中机身结构设计一级质量屋       │
└─────────────────────────────────┘
                 │
                 ▼
┌─────────────────────────────────┐
│      中机身结构设计二级质量屋       │
└─────────────────────────────────┘
                 │
                 ▼
┌─────────────────────────────────┐
│      中机身结构设计三级质量屋       │
└─────────────────────────────────┘
```

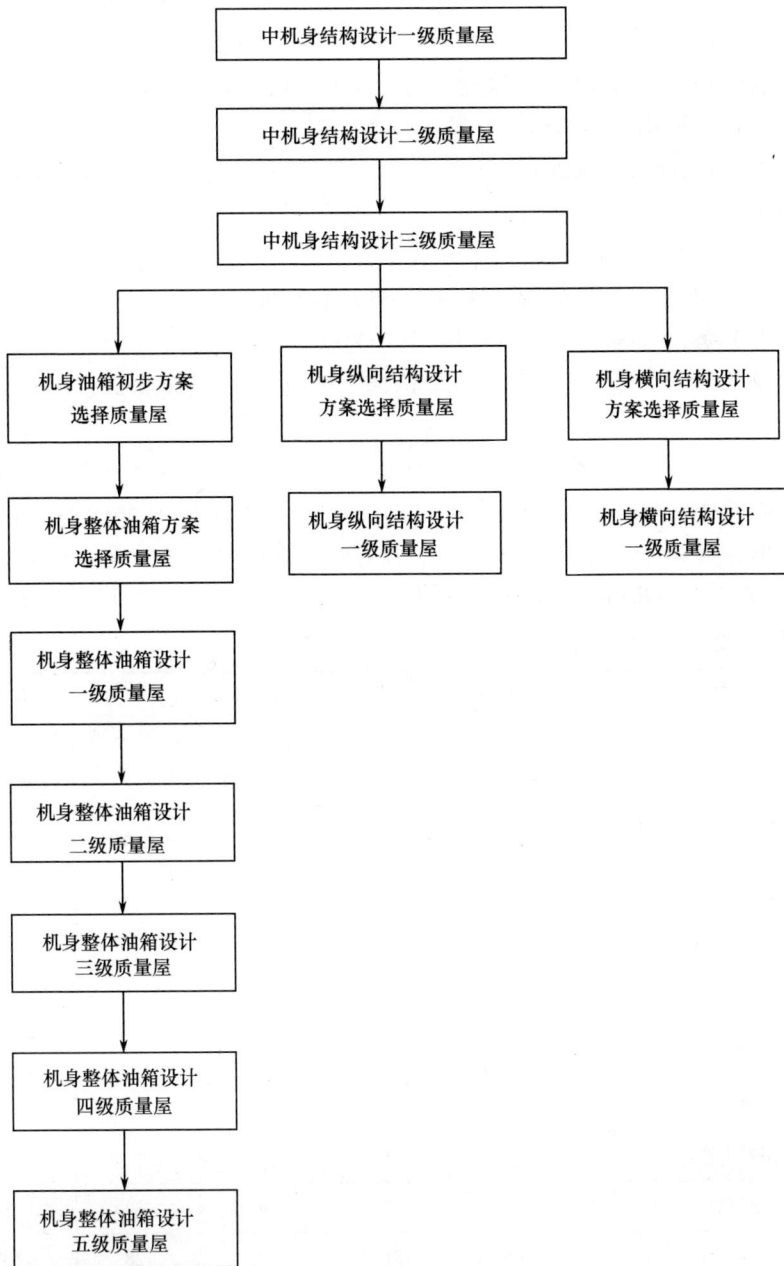

图 2.25　中机身结构设计质量屋的树状图

49

油箱方案一直困扰着小组成员,为了解决这一问题,首先通过召开多次由结构、气动、总体、燃油、工艺等部门参加的 QFD 小组智慧风暴会议,确定了机身油箱的 7 条顶层需求:①增加装油量;②结构重量轻;③结构综合利用好;④并行作业功能强;⑤维修性好;⑥使用安全性好;⑦技术经济性好。因此制定了 5 个适应某型飞机机身油箱的候选初始方案。

方案 A:全部采用软油箱。

方案 B:全部采用整体油箱。

方案 C:采用 1 个软油箱,4 个整体油箱。

方案 D:倒飞油箱设计为硬油箱,其余为整体油箱。

方案 E:倒飞油箱设计为硬油箱,其余为软油箱。

这样就得到了机身油箱初步方案选择一级质量屋,见图 2.26。经过充分讨论、研究,QFD 小组对每个候选方案满足顶层需求的程度进行了评分,建立了关系(有效性)矩阵,根据顶层需求的重要度和关系矩阵,对每个方案对于顶层需求的有效性进行加权评分,从加权评分后的结果可知方案 B 的优先级最高,由此筛选出方案 B(即整体油箱方案)作为某型飞机机身油箱方案。该方案是否可行,还需要进一步确定是否满足总体、燃油需求,落实关键技术难点和相应的解决措施,见后述质量屋。

初步方案 顶层需求	重要度 K_i	方案 A 全部采用软油箱	方案 B 全部采用整体油箱	方案 C 采用 1 个软油箱,4 个整体油箱	方案 D 倒飞油箱设计为硬油箱,其余为整体油箱	方案 E 倒飞油箱设计为硬油箱,其余为软油箱
增加装油量	5	5	9	7	5	3
结构重量轻	5	2	9	7	3	1
结构综合利用好	4	1	9	5	5	3
并行作业功能好	2	1	7	1	3	3
维修性好	3	7	7	7	5	5
使用安全性好	4	7	5	5	7	7
技术经济性好	2	5	7	9	5	3
优先级 h_j		131	212	172	128	102

图 2.26 某型飞机中机身油箱初步方案选择矩阵

2. 机身整体油箱结构方案的选择

针对机身油箱初步方案选择一级质量屋(图2.26)所优选出的机身整体油箱方案,找出了机身整体油箱的8条顶层需求:①增加装油量;②结构重量轻;③结构综合利用好;④维修性好;⑤使用安全性好;⑥装配工艺好;⑦密封性好;⑧纠偏(超差补救)功能强。QFD小组对机身整体油箱,进行关键技术分析,制定了6个适应QFD飞机整体油箱结构的候选方案。

方案A:油箱口盖设置在机身外蒙皮上。

方案B:油箱口盖设置在油箱的顶板和底板平面上。

方案C:1号油箱尖劈区设计为尖劈油箱,其余同方案A。

方案D:1号油箱尖劈区设计为尖劈油箱,其余同方案B。

方案E:1号油箱尖劈区不装油,其余同方案A。

方案F:1号油箱尖劈区不装油,其余同方案B。

这样得到机身整体油箱方案选择一级质量屋,见图2.27。由图2.27质量屋中加权后措施的重要度可知,方案D的得分最高(210分)。经筛选后确定方案D为首选方案。该方案是否可行,还需要进一步确定是否满足总体、燃油的

油箱结构方案 顶层需求	重要度 K_i	方案A 油箱口盖设置在机身外蒙皮上	方案B 油箱口盖设置在油箱顶板和底板平面上	方案C 1号油箱尖劈区设计为尖劈油箱,其余同方案A	方案D 1号油箱尖劈区设计为尖劈油箱,其余同方案B	方案E 1号油箱尖劈区不装油,其余同方案A	方案F 1号油箱尖劈区不装油,其余同方案B
增加装油量	5	7	7	9	9	5	5
结构重量轻	5	5	9	5	9	5	5
结构综合利用好	3	5	9	5	9	5	5
维修性好	4	7	5	7	5	7	5
使用安全性好	4	5	5	7	7	3	3
装配工艺性好	4	5	9	5	9	5	7
密封性好	2	7	5	7	9	5	5
纠偏(超差补救功能强)	1	3	7	3	9	3	3
优先级 h_j		150	186	168	210	128	124

图2.27 某型飞机机身整体油箱结构方案选择矩阵

要求,找出其中的技术难点,落实必要的解决措施。然而,所选定的设计方案并非一成不变,当设计过程中因进度、经费、技术难点的解决措施未落实等上升为主要因素时,上述最终方案又可作为基线方案进行比较,反复迭代优选,直至获得最佳设计方案。

3. 机身整体油箱设计第一级质量屋的建立

当机身整体油箱设计方案确定后,结构专业针对中机身结构特点和整体油箱的设计要求将两者的要求综合权衡考虑,QFD 小组对其要求进行细节分解,共同讨论得出机身整体油箱设计一级质量屋的设计要求:①确保有足够正负压承载能力;②满足总体传力的油箱布置;③油箱连接有足够刚度;④确保油箱的密封性;⑤纵向结构传力路线合理;⑥纵向承力构件截面形式好;⑦翼身连接主交点支持刚度好。

由此得出相应的解决途径:①结构不破坏;②耐压,不漏油;③油箱维护性好;④耐油腐蚀;⑤无危险变形;⑥满足寿命要求;⑦满足目标重量;⑧装配工艺性好;⑨成本低。因此,QFD 小组研究出了相应的解决途径的指标:①应力分析计算,试验验证;②保证连接部位质量;③优化油箱口盖开设部位;④选耐油好的材料;⑤满足刚度要求;⑥控制最大应力水平;⑦轻重量设计;⑧有足够的施工道路;⑨采用成熟的材料、工艺、结构。

这些设计要求、解决途径和解决途径的指标组成了机身整体油箱设计一级质量屋,见图 2.28。从图中可以看出,满足寿命要求与飞机的目标重量和成本是强负相关,飞机的目标重量和结构不破坏和结构无危险变形也是负相关的。针对这些情况,QFD 小组组织有关人员进行了专业技术级的权衡研究,为了保证飞机的使用寿命,采用了给出一定的重量损失,同时为了控制结构重量的增加,采用成熟的抗疲劳强化技术对疲劳关键区的结构进行处理,以期在不增加(或少增加)结构重量的条件下提高飞机的使用寿命。

4. 机身整体油箱设计第二级质量屋的建立

图 2.28 质量屋的解决途径转入下一级质量屋中作为设计要求,针对其设计要求,QFD 小组组织讨论,对其关键技术再次进行分解,制定了相应的解决途径:①选用耐油好的材料;②主承力构件选择疲劳性能好的材料;③选择强度比高的材料;④选择好的结构传力方案;⑤选择油箱结构方案;⑥改善油箱密封工艺性;⑦降低油箱装配制造难度;⑧降低漏油可能性;⑨提高装配精度。

QFD 小组研究出具体措施:①选用某型材料;②选用铝合金;③优化结构传力路线;④改进设计;⑤减少密封缝的长度;⑥改进装配方法。

这样就组成了机身整体油箱设计二级质量屋,见图 2.29。由图 2.29 质量屋中加权后措施重要度可知,其中 5 项得分高于另外 4 项,同时对得分较低的 4

解决途径（一级） 设计要求（一级）	重要度 K_i	结构不破坏	耐压，不漏油	油箱维护性好	耐油腐蚀	无危险变形	满足寿命要求	满足目标重量	装配工艺性好	成本低
确保有足够正负压承载能力	5	9	9	1	5	5	7	5	3	1
满足总体传力的油箱布置	3	7	3	3	1	3	3	1	1	5
油箱连接有足够刚度	3	5	3	3	3	3	3	3	1	3
确保油箱的密封性	4	7	9	5	9	7	1	1	7	3
纵向结构传力路线合理	3	3	3	1	1	5	3	5	1	7
纵向承力构件截面形式好	1	5	1	1	1	3	5	7	3	1
横向承力构件传力好	1	1	3	1	1	3	3	5	1	5
翼身连接主交点支持刚度	1	1	1	1	1	1	3	3	1	3
		应力分析计算,试验验证	保证连接部位质量	优化油箱口盖开设部位	选耐油好的材料	满足刚度要求	控制最大应力水平	轻重量设计	有足够的施工通路	采用成熟的材料、工艺结构
加权后措施重要度 h_j		125	93	49	79	93	77	71	57	71

图 2.28 机身整体油箱设计一级质量屋

设计要求（二级）	重要度 K_i	选择耐油性好的材料	主承力构件选择疲劳性能好的材料	选择强度比高的材料	选择好的结构传力方案	选择油箱结构方案	改善油箱装配工艺性	降低油箱密封制造难度	降低漏油可能性	提高装配精度
结构不破坏	5		5	5	7	5			5	1
耐压，不漏油	4	5	1	1	7	7	5	7	9	3
油箱维护性好	3				3	7	3	3	7	1
耐油腐蚀	2	9							5	1
无危险变形	3				7	5		1	5	1
满足寿命要求	4		5	3	5	3	3			3
满足目标重量	3			3	7	3	3	3		3
装配工艺性好	2					7	9	7	3	5
成本低	1	3	3	3	5	5	5	7		7
		选用某型材料	选用某型材料	选用铝合金	优化结构传力路线		改进设计	改进设计	减少密封缝的长度	改进装配方案
加权后措施重要度 h_j		41	52	53	139	129	73	70	113	63

图 2.29　机身整体油箱设计二级质量屋

项确定了具体的解决措施,故只将得分高的 5 项转入下一级的质量屋,作为第三级质量屋的设计要求。从图 2.29 天花板相关矩阵中可以看出,选择疲劳性能好的材料与选择强度比高的材料是负相关。所以在选材时不能单追求某一个指标,而要综合权衡,使选定的材料能同时满足两项指标。

5. 机身整体油箱设计第三级质量屋的建立

根据第二级质量屋的设计要求,找出了解决途径:①制定油箱结构与装配方案;②制定壁板结构与制造方案;③油箱口盖设计;④壁板结构形式选定;⑤油箱安全性控制;⑥确定密封材料;⑦确定防腐系统。并对此解决途径落实了具体措施。这样就得到了机身整体油箱设计三级质量屋。根据加权评分准则,确定了

54

关系矩阵的数据,并计算了加权后措施重要度,见图2.30。

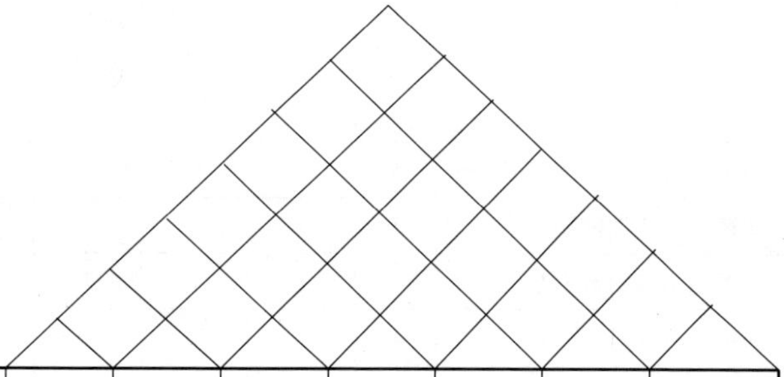

设计要求 (三级) \ 解决途径 (三级)	重要度 K_i	制定油箱结构与装配方案	制定壁板结构与制造方案	油箱口盖开设	壁板结构型式选定	油箱安全性控制	确定密封材料	确定防腐系统
选择好的结构传力方案	3	5	3	3	5	9		
选择油箱结构方案	5	9	7	7	7	5	5	9
改善油箱密封工艺性	4	7	9	7	5	3	7	5
降低油箱装配制造难度	3	7	7	5	5	5	7	7
降低漏油可能性	3	3	5	5	3	7	5	5
		架下装配		油箱口盖密封选择试验	薄壁板＋筋条	安装油气浓度监控装置	选两种材料对比分析	多种材料组合
加权后措施重要度 h_j		118	116	102	94	100	89	101

图 2.30 机身整体油箱设计三级质量屋

6. 机身整体油箱设计第四级质量屋的建立

图 2.30 的解决途径作为机身整体油箱设计四级质量屋的设计要求,制定出 6 项解决径:①密封方法;②油箱装配实施方案;③油箱结构方案;④平面口盖开设;⑤口盖密封连接;⑥油的生存性。同时也找出地下室中的措施结果。如①采用壁板装配原则;②薄蒙皮加厚;③油箱顶板和油箱底板上开大口;④作冲击试验验证结构设计。这样就构成了机身整体油箱设计四级质量屋。对质量屋的每个需求进行重要度评分(图 2.31)。根据加权评分准则,通过反复考虑和比较,认为第 1 项和第 2 项需求是基本的,涉及到机身整体油箱能否满足要求,取重要度系数为 5;第 3、4、5 项需求作为重要的、影响功能实现的需求,取重要度

解决途径（三级） 设计要求（三级）	重要度 K_i	密封方法	油箱装配实施方案	油箱结构方案	平面口盖开设	口盖密封连接	……	油箱的生存性
油箱结构装配方案	5	3	9	9	7	5		7
油箱的安全性控制	5	5	3	3		3		9
壁板结构与制造方案	4		7	7	3	3		
油箱口盖设计	4	5	7	9	9	7	……	
确定密封材料	4	7	3	3		3		
壁板结构形式	3		7	7	3	3		
防腐系统	3	5	3	5		3		
			采用壁板装配原则	薄蒙皮加厚	油箱顶板和底板上开设口盖		……	作冲击试验验证结构设计
加权后措施重要度 h_j		103	158	172	92	110	……	80

图 2.31　机身整体油箱设计四级质量屋

为 4。通过加权评分和计算,可知油箱装配实施方案、油箱结构方案得分最高,可作为关键措施,转入下一级质量屋。

7. 机身整体油箱设计第五级质量屋的建立

机身整体油箱第四级质量屋的关键措施作为第五级质量屋的设计要求,找出具体的实施办法:①以壁板为油箱装配单元;②以蒙皮为基准进行装配;③施工维修口盖以平面口盖为主;④制定相应的装配程序;⑤铆钉头上表面密封;⑥零件连接厚度的选定;⑦确保密封性。这样就得到了机身整体油箱设计五级质量屋的左墙和天花板。QFD 小组对关系矩阵进行了评估,得出了各个 r_{ij} 值,见图 2.32。

通过利用 QFD 技术对自顶向下的设计进行了多层次分解,从军事反应选择开始进行了展开,分析了技术需求,对并列的多专业需求进行了展开。同时,利用 QFD 技术对某型飞机中机身结构设计中所遇到的关键技术问题进行了分解展开,对机身油箱方案和机身整体油箱结构设计方案进行了筛选,选出了适合某型飞机的油箱方案。通过建立质量屋,定量地对其工程措施的作用做了评估和排序,定出了关键措施和瓶颈技术,解决了技术难点。采用 QFD 技术对某型飞机设计的关键技术进行同步研究取得了较好效果。

解决途径 （五级） 设计要求 （五级）	重要度 K_i	以壁板为油箱装配单元	以蒙皮为基准进行装配	施工维修口盖以平面口盖为主	制定相应的装配程序	……	铆钉头上表面密封	零件连接厚度的选定	确保密封性
油箱装配实施方案	3	9	7	5	7		5	3	9
油箱结构方案	4	5	7	5	3	……	3	9	9
油箱密封性能	5	7	7	9	5		7	9	9
				制定维修方案		……	控制固化温度		
加权后措施重要度 h_j		92	94	86	64	……	68	96	122

图 2.32　机身整体油箱设计五级质量屋

第 3 章　多维结构的 QFD 分析模型——系统屋

3.1　系统屋分析模型的提出

虽然 QFD 应用于产品开发具有许多优越性,但将其分析模型——二维结构的质量屋应用于作为系统工程的大型复杂产品研制却有很大的局限性,具体体现在:

1. 质量屋的二维结构限制了多因素相关分析和综合权衡

质量屋主要是由放在"左墙"的输入因素和放在"天花板"的输出因素二维构成的结构。通过两者的相关分析,确定输出因素的内容和重要度,完成从输入因素向输出因素的转换,从而进入下一个质量屋继续进行展开分析。在作为系统工程的复杂产品的研制中,进行一个阶段或专题的系统分析,通常是多目标、多因素、多层次、多方案的系统分析,不仅是展开分解,还需要对多因素综合权衡。如进行顾客需求分析,通常是把顾客需求转换成设计需求,而复杂产品研制不仅要考虑顾客需求这方面的必要性,还要考虑已有技术储备、研制周期、研制经费等方面条件的可行性。只有两者基本协调,再把任务目标作为本研制阶段的输出因素转入下一个阶段进行展开、分解。为此,质量屋分析至少需要三维结构,即三维坐标为必要性要求、可行性条件和针对性的措施。复杂产品研制甚至可能需要在同一阶段对更多因素进行相关分析。

2. 质量屋的二维结构限制了 AHP 等定量化分析方法的应用

当前国际上计算权重和进行相关分析的方法及评价准则主要采用 20 世纪 70 年代美国著名的运筹学家 T. L. Satty 提出的层次分析法(Analytic Hierarchy Process,AHP)。质量屋的二维结构导致同时对多因素分析时只有把几个输入因素合并列于质量屋的"左墙"位置,几个输出因素合并列于"天花板"的位置,从而致使"左墙"或"天花板"的具体项目太多,不便应用 AHP 等科学的分析方法。

3. 质量屋系列中结构与内容和步骤合为一体限制了其应用的灵活性

无论是赤尾洋二教授提出的综合质量展开模式,还是 ASI 式四阶段质量屋系列,都不仅给出了二维的分析结构,而且给出了展开表之间的联系、步骤和分析内容。这对于一般复杂程度的产品的开发过程通常是足够的,并告之应用 QFD 的产品开发者应考虑的因素及其相互关系,提高了 QFD 的可操作性。但是,卫星、运载火箭、导弹武器等复杂产品的研制从分析顾客需求到确定具体设计要求并非像 ASI 式质量屋只有一步。同样,卫星、运载火箭、导弹武器等复杂产品的功能、成本、可靠性方面的分析也不是日本专家综合质量展开中的只有几个因素和几个步骤,而是一个复杂的系统工程过程,有着符合产品自身特点的研制程序。各种不同类型、不同复杂程度的产品研制需要考虑的因素、分析的重点和步骤是不同的,只有具体从事产品开发的研究人员才能选择和确定。QFD 的应用,尤其是在复杂系统工程中的应用最好把分析结构与分析内容和步骤相对分开,而后者由研制人员在应用 QFD 技术时根据分析的问题和研制程序自己确定。

结合大型复杂航天产品的研制,针对多因素、多层次的复杂系统分析,通过对二维结构的质量屋进行扩展性研究,我们提出一种多维结构的 QFD 分析模型。由于它更加适合多因素的系统分析,但仍然采用房屋结构的形象比喻,因此,我们将其称为"系统屋"(House of System, HOS)。它具有多因素的分析、展开、综合权衡等功能,也适用于多因素的决策支持分析、多目标管理等技术和管理活动。

3.2　系统屋的结构

系统屋是多维结构的矩阵群,即若干矩阵的有机组合。系统屋的结构主要由系统屋的"框架"、"墙面"、"阳台"和"屋顶"等组成。

系统屋的框架以多维坐标表示,称为系统屋中的"立柱"和"横梁",每一个坐标表示系统分析中的一个因素。坐标上的点表示某因素的元素。系统屋中以坐标表示的相关因素分为输入因素和输出因素。输入因素置于"立柱"的位置,其各元素有时是已初步确定的。输出因素置于"横梁"的位置,其各元素是待求的。

多维坐标中相关的两两坐标形成的多个直角坐标平面,即两因素相关矩阵图称为系统屋的"墙面"。"墙面"上的点用以表示相关矩阵中两因素的各元素之间的相关度。

一个输入因素的各元素之间进行相关分析形成的相关矩阵称"阳台"。一个输出因素的各元素之间进行相关分析形成的相关矩阵称"屋顶"。由于一个

59

因素自身各元素之间的相关矩阵是三角形的,即在这类矩阵中对角线上各数值为1,对角线两边对应位置的数值互为倒数,其中一半数值在表示时可以省略,故此,这类矩阵称为三角形矩阵。系统屋的"阳台"、"屋顶"可绘制为三角形。其中,"阳台"建在"墙面"左边,"屋顶"建立在"墙面"上边,如图3.1所示。

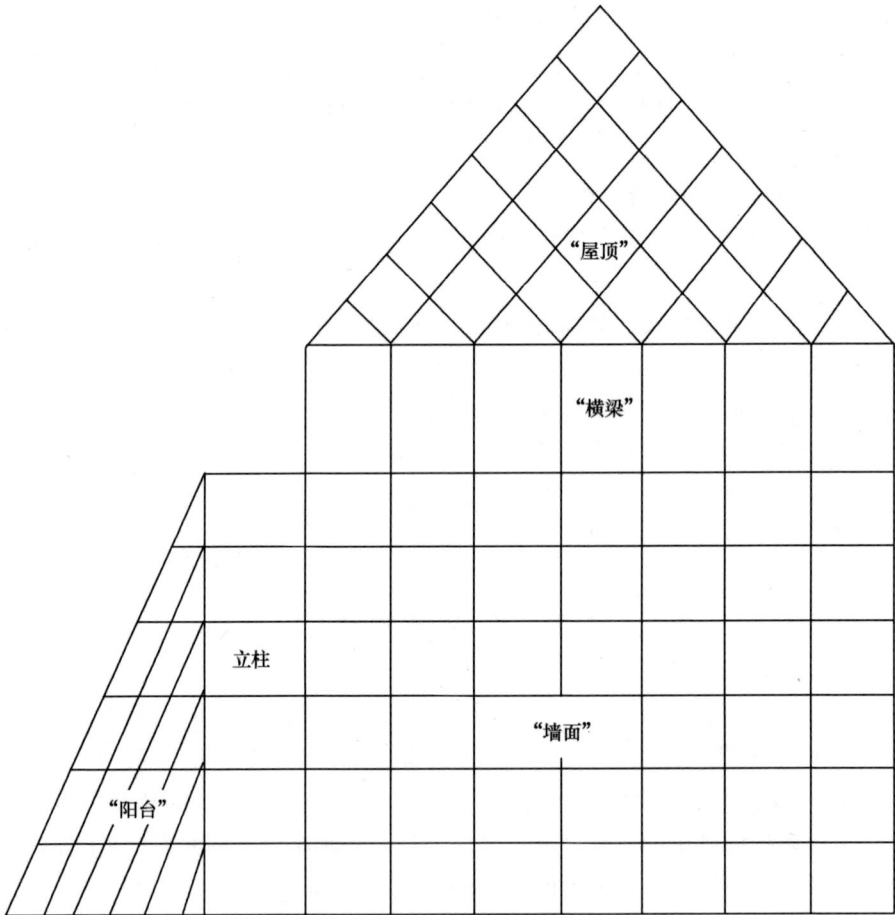

图 3.1　系统屋的结构

由于系统屋是多维结构的,图3.1只给出了一个输入因素和一个输出因素及其相关分析的模型,即它只是一个系统屋分析模型的侧面。这时质量屋作为二维结构的矩阵分析模型,可以认为是系统屋的一部分,系统屋可以认为是质量屋从二维到多维的扩展。

3.3 系统屋的建立

3.3.1 构建系统屋的系列

应用系统屋分析模型进行系统展开和综合权衡的过程,可以描述为建立系统屋和构成系统屋系列的过程。系统屋系列也可形象地描述为由一组系统屋有机组成的"别墅"。构建系统屋系列大体可以采用以下步骤:

(1)根据分析的对象,确定建立系统屋的位置,应当选择相对独立的产品研制阶段或分析专题作为建立系统屋的位置,即确定系统分析中几个相对独立又相互关联的专题;

(2)确定各系统屋的输入因素和输出因素,即初步明确各系统屋的"立柱"和"横梁";

(3)形成系统屋系列的框架,即明确系统屋之间的前后衔接、左右相邻、上下从属的相互关系,并对所有因素、元素进行系统性编号,从而形成与分析对象系统工程展开全过程相对应的,各系统屋之间接口明确、综合权衡、反馈及时、逐步展开的系统屋系列。

在实际应用中系统屋系列的形成是一个渐进的过程。最初只是根据经验、专家建议和可参照项目大体上确定一级系统屋的位置和相互关系。随着系统分析的逐步深入、展开和反复迭代,不断补充、修改一级系统屋的位置和相互关系,并进一步确定二级、三级系统屋的位置和相互关系。确定系统屋系列一般应用系统图、网络图、程序图等分析方法。

3.3.2 建立系统屋

应用系统屋分析模型在产品研制的某个环节或专题进行系统分析和综合权衡的过程,可以描述为建立系统屋的过程。建立系统屋大体有以下几个方面:

(1)建立系统屋"立柱",即明确系统屋各输入因素及其元素的内容和重要度。一个系统屋可能有多个输入因素,如顾客需求、同类产品性能指标、约束条件等。

(2)建立系统屋的"阳台",即对输入因素的各元素通过建立绘制成三角形的相关方阵,比较各元素两两之间对该因素的作用大小,用于确定各元素的权重。

(3)建立系统屋的"墙面",即确定在一个系统屋中需要进行相关分析的两两因素对。系统屋的"墙面"按两因素组合方式和分析先后顺序分为三类:第一类是指两因素都是输入因素的两两因素对建立的相关矩阵,用于权衡、优化输入因素的各元素及其权重,以消除输入因素中各元素之间的重复和不协调之处;第二类是指输入因素与输出因素结合的两两因素对建立的相关矩阵,用于将输入因素的各元素转换、展开以确定输出因素的各元素及其权重,或修改、反馈输入因素的有关元素及其权重;第三类是指都是输出因素的两两因素对建立的相关矩阵,用于对输出因素的各元素进一步进行综合权衡。

(4)建立系统屋的"横梁",即明确系统屋各输出因素及其元素的内容和重要度。一个系统屋可能有多个输出因素,如产品性能、研制工程措施等。通过第二类、第三类"墙面"的相关分析,将分析结果即输出因素的各元素的内容和权重放在"横梁"的位置。

(5)建立系统屋的"屋顶",即对输出因素的各元素通过建立绘制成三角形的相关方阵进行相关分析,用于消除各元素之间的重复和不协调之处。

建立系统屋既有一个从建立"立柱"、"阳台"、"墙面"、"横梁"和"屋顶"大体的顺序,又是不断修改、反复迭代的过程。

3.4 分析方法及评价准则

3.4.1 确定输入因素各元素的权重

系统屋技术的分析方法主要采用层次分析法(AHP)。其中确定权重,即建立"阳台"的方法采用 AHP 法中的层次单排序,具体步骤如下。

第一步,建立输入因素 A 中各元素针对该因素的判断矩阵 B。B 为一个 n 阶方阵,其形式如下。

	b_1	b_2	$\cdots$	b_i	$\cdots$	b_n
b_1	b_{11}	b_{12}	$\cdots$	b_{1i}	$\cdots$	b_{1n}
b_2	b_{21}	b_{22}	$\cdots$	b_{2i}	$\cdots$	b_{2n}
b_j	b_{j1}	b_{j2}	$\cdots$	b_{ji}	$\cdots$	b_{jn}
b_n	b_{n1}	b_{n2}	$\cdots$	b_{ni}	$\cdots$	b_{nn}

b_{ij} 表示对于该因素而言,元素 b_i 和元素 b_j 的相对重要性的标度。当元素 b_i 与元素 b_j 相比其结果分别为相同重要、较为重要、重要、非常重要、极端重要时,b_{ij} 分别取值 1、3、5、7、9 及其倒数。在矩阵 B 中,有

$$b_{ii} = 1, b_{ij} = 1/b_{ji} \quad (i,j = 1,2,\cdots,n)$$

所以对 n 阶矩阵,仅需对 $[n(n-1)]/2$ 个元素给出判断。

第二步,求解判断矩阵 $\boldsymbol{B}$ 最大特征根 λ_{max} 和对应于 λ_{max} 的特征向量 $\boldsymbol{W}$,$\boldsymbol{W}$ 的分量 W_i 即该因素各元素的权重。对于判断矩阵计算最大特征向量,可以利用一般线性代数的计算方法,但是从实用角度看,有些近似方法计算更为简便,如方根法与和积法。

1. 方根法

已知 n 阶方阵 $\boldsymbol{B} = (b_{ij})$

计算

$$W_i = \sqrt[n]{\prod_{j=1}^{n} b_{ij}} \quad (i = 1,2,\cdots,n)$$

将其归一化

$$\overline{W}_i = \frac{W_i}{\sum_{i=1}^{n} W_i}$$

W_i 就是特征向量 $\boldsymbol{W}$ 的第 i 个分量,然后计算最大特征根,则

$$\lambda_{max} = \sum_{i=1}^{n} \frac{(\boldsymbol{BW})_i}{nW_i}$$

2. 和积法

首先归一化

$$\overline{a}_{ij} = \frac{b_{ij}}{\sum_{k=1}^{n} b_{kj}} \quad (i,j = 1,2,\cdots,n)$$

计算按行相加,其和数为

$$W_i = \sum_{j=1}^{n} \overline{a}_{ij}$$

归一化后的 $\overline{W}_i$ 为

$$W_i = \frac{W_i}{\sum_{i=1}^{n} W_i}$$

计算最大特征根,则

$$\lambda_{max} = \sum_{i=1}^{n} \frac{(\boldsymbol{BW})_i}{nW_i}$$

第三步,对判断矩阵 $\boldsymbol{B}$ 进行一致性检验,以判定两两元素之间相对重要性标度取值的一致性。首先确定一致性指标 CI,其计算公式为

$$CI = (\lambda_{max} - n)/(n-1)$$

当 CI = 0，即 $\lambda_{max} = n$ 时，判断矩阵 **B** 具有完全一致性。$\lambda_{max} - n$ 越大，CI 越大，矩阵的一致性越差。为了考虑判断矩阵不同阶数对一致性的影响，还需要引进随机一致性指标 RI。不同阶数的随机一致性指标的取值如表 3.1 所列。

令 CR = CI/RI，当 CR < 0.10 时，判断矩阵具有满意的一致性，否则就需要对判断矩阵进行调整。

表 3.1　随机一致性指标的取值

矩阵阶数	1	2	3	4	5	6	7	8	9	10
随机一致性指标 RI	0.00	0.00	0.58	0.90	1.12	1.24	1.32	1.41	1.45	1.49

3.4.2　两因素相关分析

建立系统屋的"墙面"，即两因素相关分析可采用两种方法，相关矩阵法和 AHP 层次总排序方法。

1. 相关矩阵法

两因素相关分析可采用相关矩阵法，见图 3.2，其分析步骤：

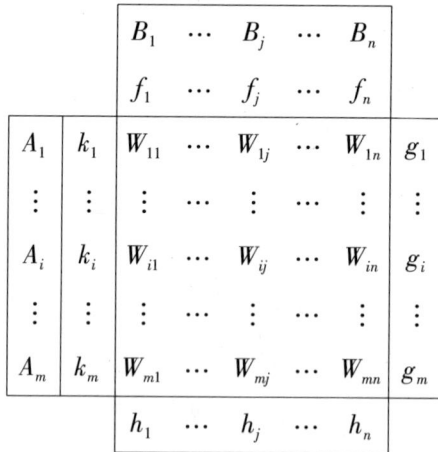

图 3.2　两因素相关分析图

第一步，确定两因素各元素之间的相关度 W_{ij}，采用 1、3、5、7、9 的相关度等级，必要时也可增加中间等级 2、4、6、8，负相关时的相关度取负数值。

第二步，计算因素 B 的各元素对因素 A 的相关重要度 h_j 为

$$h_j = \sum_{i=1}^{n} W_{ij} \cdot k_i \Big/ \sum_{j=1}^{n} \sum_{i=1}^{m} W_{ij} \cdot k_i$$

计算因素 A 的各元素对因素 B 的相关重要度 g_i 为

$$g_i = \sum_{j=1}^{n} W_{ij} \cdot f_j \bigg/ \sum_{i=1}^{m} \sum_{j=1}^{n} W_{ij} \cdot f_j$$

第三步,判断 h_j 与 f_j,g_i 与 k_i 的接近程度。当较为接近时可转入下一步分析,当非常不接近时,应对有关元素进行补充、修改,或对元素的权重、相关度进行调整。

相关矩阵法的优点在于计算简单,但由于缺少同一因素内各元素之间的两两比较,故此不够精确,比较适合于"墙面"的第一类和第三类相关分析。

第一类相关矩阵中,因素 A 的各元素权重 k_i 和因素 B 的各元素权重 f_j 都初步确定,经过对 h_j、g_i 的计算和判别,反复迭代,整体优化两个输入因素的各元素及其权重。同样,第三类相关矩阵中,已知输出因素 A 的权重 k_i 和输出因素 B 的权重 f_j,经过反复迭代调整两个输出因素的各元素及其权重。

2. 层次总排序

第一步,因素 B 针对因素 A 的各元素 $A_i(i=1,2,\cdots,m)$ 分别进行层次单排序,从而计算出针对 A_i 的 $B_j(j=1,2,\cdots,n)$ 的相关度 r_{ij},形成相关矩阵。

第二步,计算 B_j 对于 A 的相关重要性的标度 h_j,即层次总排序

$$h_j = \sum_{i=1}^{m} k_i r_{ij}$$

式中:A_i 的权重 k_i 已知。

第一步、第二步的计算见表 3.2。

表 3.2　层次总排序相关矩阵表

因素 B 的元素 因素 A 的元素及权重		B_1	$\cdots$	B_j	$\cdots$	B_n
A_1	k_1	r_{11}	$\cdots$	r_{1j}	$\cdots$	r_{1n}
$\vdots$	$\vdots$	$\vdots$		$\vdots$		$\vdots$
A_i	k_i	r_{i1}	$\cdots$	r_{ij}	$\cdots$	r_{in}
$\vdots$	$\vdots$	$\vdots$		$\vdots$	$\vdots$	$\vdots$
A_m	k_m	r_{m1}	$\cdots$	r_{mj}	$\cdots$	r_{mn}
层次总排序		$\sum_{i=1}^{m} k_i \cdot r_{i1}$	$\cdots$	$\sum_{i=1}^{m} k_i \cdot r_{ij}$	$\cdots$	$\sum_{i=1}^{m} k_i r_{in}$

第三步,对层次总排序进行一致性检验。

层次总一致性指标 $\mathrm{CI} = \sum_{i=1}^{m} k_i \mathrm{CI}_i$,式中 CI_i 为对应的判断矩阵 $\boldsymbol{B}$ 的一致性指

标；

层次总排序随机一致性指标 $RI = \sum_{i=1}^{m} k_i RI_i$，式中 RI_i 为与 k_i 对应的判断矩阵 $\boldsymbol{B}$ 的随机一致性指标。

总体一致性指标用总体相对一致性指标 CR 来度量，CR = CI/RI，当 CR ≤ 0.1 时，认为满足一致性条件。

3.4.3 输出因素的综合

在一个系统屋中，可能通过与不同输入因素进行相关分析取得同一输出因素的两组或多组不同的元素及其权重。尽管在建立系统屋框架阶段就应当尽量通过规划和调整，避免从不同的输入因素产生同一输出因素的不同元素组的情况。由因素 A 取得因素 C 的一组元素 $C_i^1(i = 1,2,\cdots,m)$，由因素 B 取得因素 C 的另一组元素 $C_j^2(j = 1,2,\cdots,n)$，其中 C_i^1 和 C_j^2 之间的部分元素是重合的。为了系统屋进一步的展开，应对两者进行综合。综合的方法有多种，可根据需求进行选择。

1. 平均法

C_i^1 和 C_j^2 合并内容相同的元素后得 $C_k = \{C_i^1 \cup C_j^2\}$。$C_k$ 各元素的权重为 C_i^1 和 C_j^2 中相同元素的权重相加除以2。若 C_i^1 在 C_j^2 中没有相同内容的元素，设定 C_j^2 的权重为0。平均法计算简单，较好地继承和综合了两因素相关分析的结果，并可适用于多组元素的综合。平均法是简单平均，它是建立在各元素组同等重要的假定前提之下。若各元素组不同等重要，一般不采用加权平均，而采用主辅法。因为加权系数的确定主观随意性太大，影响较为准确地继承两因素相关分析的结果。

2. 主辅法

在同一输出因素的不同元素组之中选一元素组为主，其他元素组为辅，通过分析辅助元素对主要元素组进行补充、调整。

3. 返回法

参考同一输出元素的其他不同元素组的项目内容其及权重，重新进行两元素相关分析。

3.4.4 输出因素的各元素间的相关分析

对于采用矩阵表法取得的输出因素的各元素及其权重，由于没有针对输入因素在输出因素的各元素之间进行两两比较，可采用 AHP 层次单排序法求出各元素的权重 f_j，判断 f_j 与经过两因素相关分析求得的该输出因素各元素的相关重

要度 h_j 的接近程度。根据判断结果对该输出因素的有关元素进行必要的调整。

对于采用 AHP 层次总排序法确定的输出因素的各元素不必进行其间的相关分析,因为在两因素相关分析时已经进行了输出因素的各元素之间的两两比较和一致性检验。对于采用相关方阵法进行综合计算的输出因素也不必对该输出因素的各元素进行相互之间的相关分析,因为相关方阵计算中已包含了各元素之间的相关分析。

3.5　系统屋的功能和特点

系统屋在具有 QFD 技术基本特点的基础上,尤其突出下列特点:

(1)在复杂产品研制的系统工程过程中,每个研制阶段或分析专题往往需要对三个或三个以上的多因素进行有选择的两两相关分析和权衡研究。系统屋由于其多维结构克服了质量屋二维结构在多因素分析中的局限,正适合进行这种系统分析。

(2)系统屋的结构由于是多维的,就可以把质量屋二维结构中的项目分解,从而减少每一维项目的数量,使应用 AHP 等方法便利可行,提高了系统分析的准确度。

(3)由于系统屋在分析模式中的分析结构与分析内容和步骤相对独立,把灵活应用系统屋技术的主动权真正交给了系统屋技术的应用者,如复杂产品的研制人员,更适应于复杂产品的研制特点和研制程序。

(4)根据复杂产品的研制程序,针对各研制阶段和重要分析专题可以建立若干系统屋,确定相互之间从属、衔接相邻的关系,形成一个系统屋系列,并贯穿于复杂产品研制的系统工程过程。

(5)在产品论证和研制过程的早期,应用系统屋技术就可以对产品论证、设计、试验、试制、生产全过程及各阶段,对产品的功能特性、可靠性、维修性、安全性、寿命周期成本等各因素进行系统分析和综合权衡,而这种在研制的早期对产品性能和研制过程并行设计正是实施并行工程的核心内容。

3.6　系统屋技术应用软件

3.6.1　系统屋应用软件开发思路

为将多维结构的 QFD 分析模型——系统屋技术——的研究成果应用于工程实际,并方便分析人员的使用,我们开发了系统屋应用软件。软件开发的总体思路是：基于界面友好、操作简单、功能全面、使用方便的 Access 后台数据库，采用面向对象、事件驱动编程机制的简单易用的 Visual Basic 编程语言开发单机版软件，并利用层次分析法（AHP）计算权重和进行相关分析，从而以较高的运行效率，良好的人机界面，精确的计算结果，实现了系统屋技术的所有计算和分析功能。

3.6.2　系统屋应用软件的主要功能

系统屋应用软件的主要功能：

（1）建立系统屋功能。用户可根据其系统分析的需要建立系统屋和构建系统屋系列，灵活地选择系统屋技术中的各种分析方法，完成对多因素、多层次系统工程分析的系统展开和综合权衡。

（2）编辑系统屋功能。对已建立的各级系统屋，用户可以随时进行增、删、改、查询等操作。

（3）打印系统屋功能。打印输出已建立的各级系统屋的数据。

（4）安全保密功能。为了系统和分析数据的安全和保密功能，对系统维护人员、系统录入人员和一般用户实行分级授权。

3.6.3　系统屋应用软件的输入和输出

1.　系统屋的输入

按系统屋系列建立顺序依次输入以下内容：

（1）系统屋系列名称；

（2）系统屋名称及其编码；

（3）系统屋各因素名称及其编码；

（4）"阳台"的建立（元素内容、相关重要度）；

（5）"墙面"（第1、2、3类）的建立（相关性符号、相关度、选择的分析方法）；

（6）同一输出因素的综合（选择的综合方法、相关度）；

（7）"屋顶"的建立（相关重要度）。

2.　系统屋的输出

（1）系统屋系列的名称；

（2）系统名称及其编码；

（3）建立的"阳台"；

（4）建立的"墙面"；

（5）建立的"屋顶"；

（6）同一输出因素综合计算的结果。

3.6.4 系统屋应用软件的程序逻辑

这里仅给出总控模块、建立系统屋系列模块和建立系统屋模块的逻辑流程供读者参考，因篇幅所限未给出编辑或查询系统屋模块、打印系统屋模块的逻辑流程。

系统屋应用软件总控模块逻辑流程如图 3.3 所示。

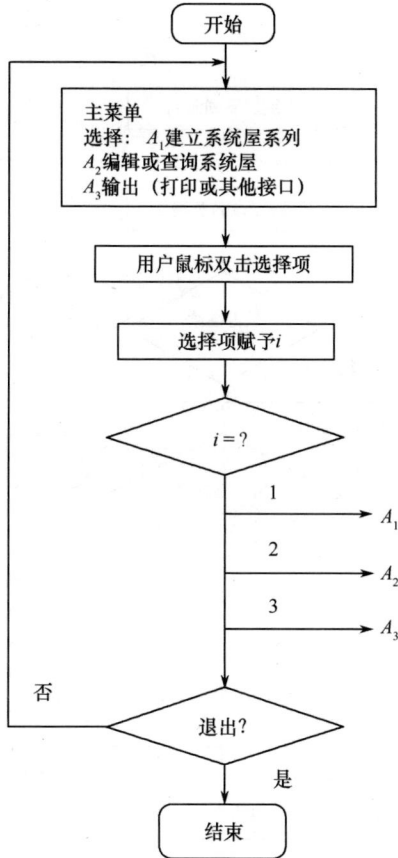

图 3.3　系统屋应用软件总控模块逻辑流程图

构建系统屋系列模块逻辑流程如图 3.4 所示。

建立系统屋模块逻辑流程如图 3.5 所示。

3.6.5 系统屋应用软件的主要界面

系统屋应用软件的主要界面，如图 3.6～图 3.13 所示。

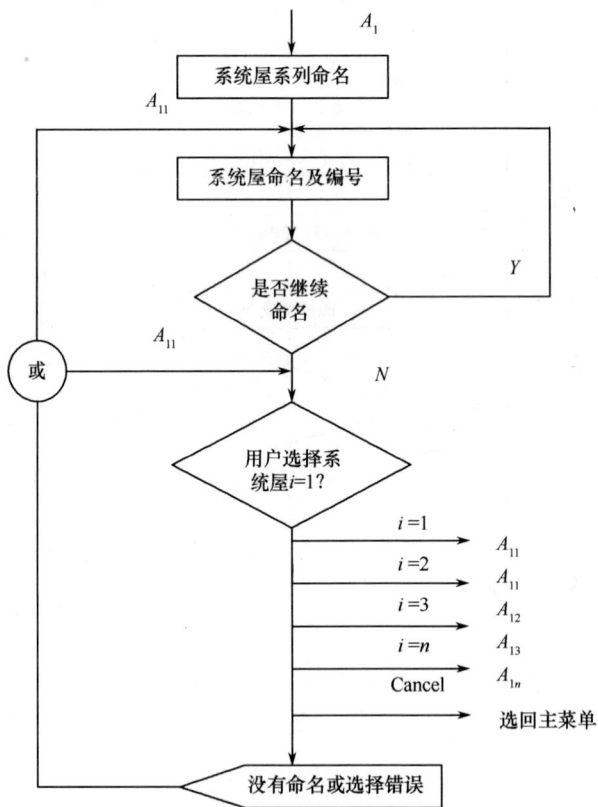

图 3.4　构建系统屋系列模块逻辑流程图

A_{11}

显示系统屋A_i的名称及其编码

输入因素（i）命名及其编码

是否继续命名？

或

输出因素（j）命名及其编码

是否继续命名及其编码？

列表显示输入、输出因素名称及编码

是否修改？

选择分析类型

i（阳台） →　A_{111}

ii（墙面1类）→　A_{112}

ij（墙面2类）→　A_{113}

jj（墙面3类）→　A_{114}

j（屋顶）→　A_{115}

返回系统系列级 →　$A_{1cancel}$

各因素的综合 →　A_{116}

重新选择

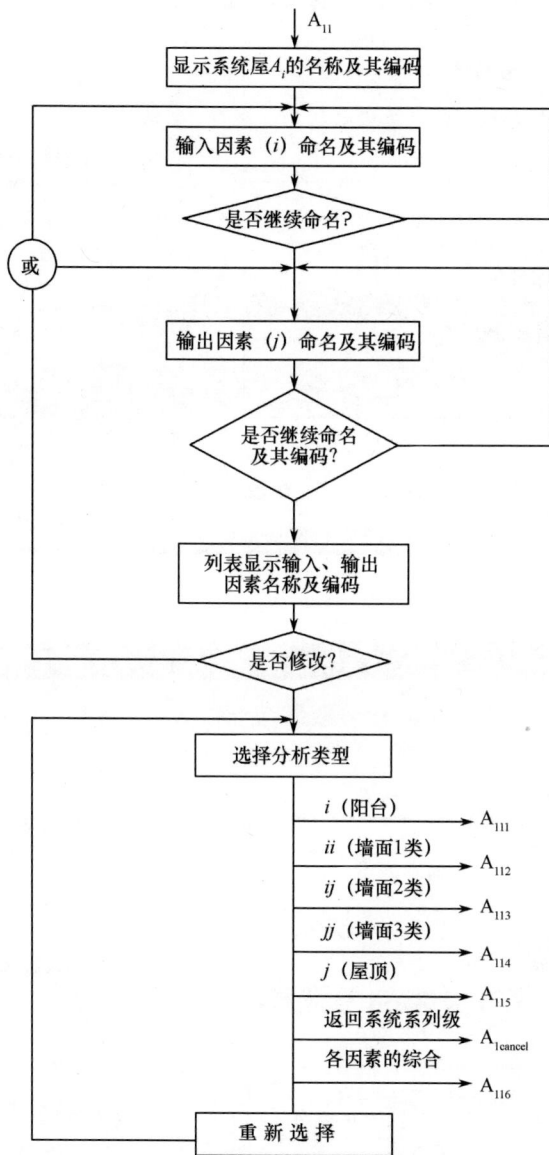

图 3.5　建立系统屋模块逻辑流程图

71

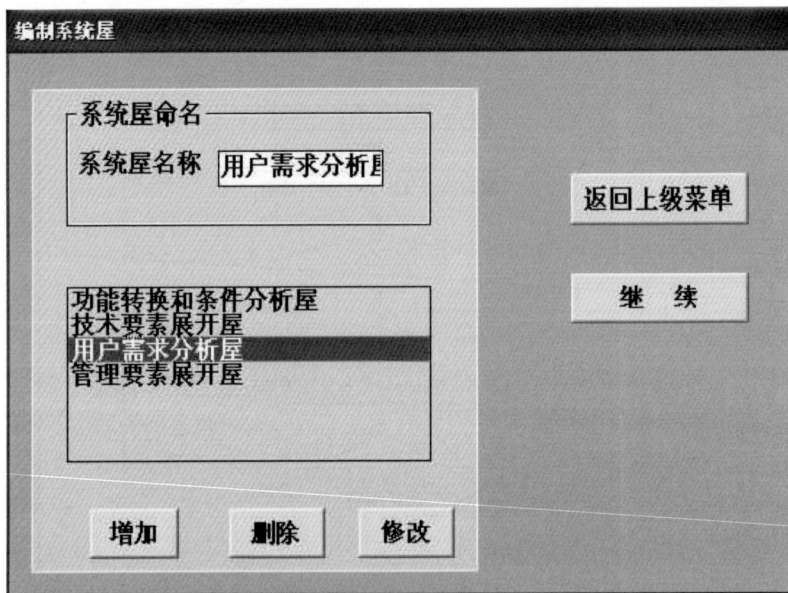

图 3.6　输入系统屋名称界面

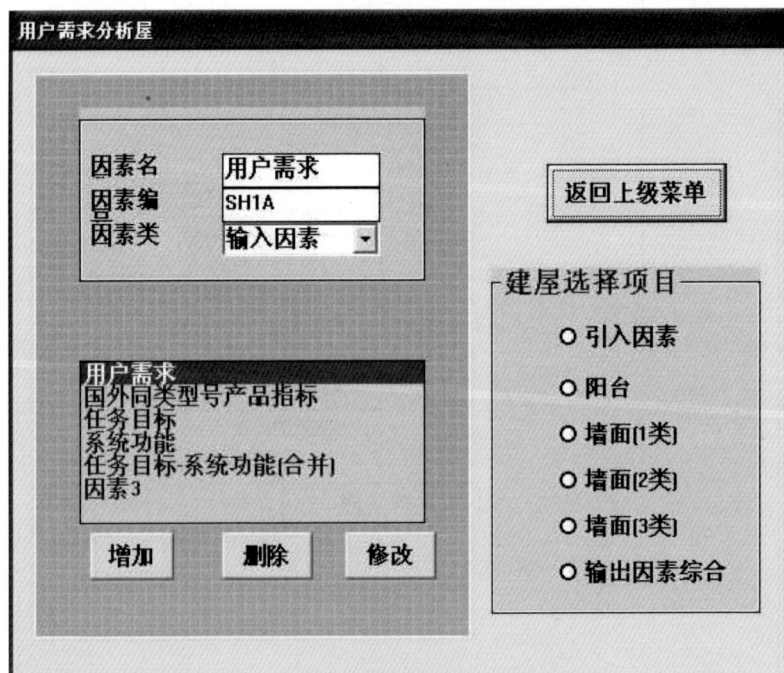

图 3.7　提出输入和输出因素的界面

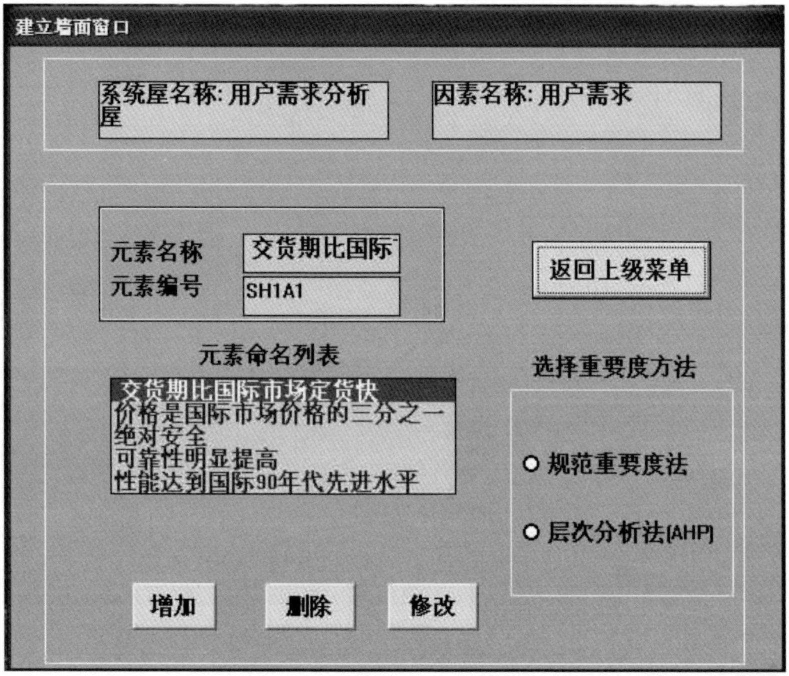

图 3.8　录入输入因素各元素的界面

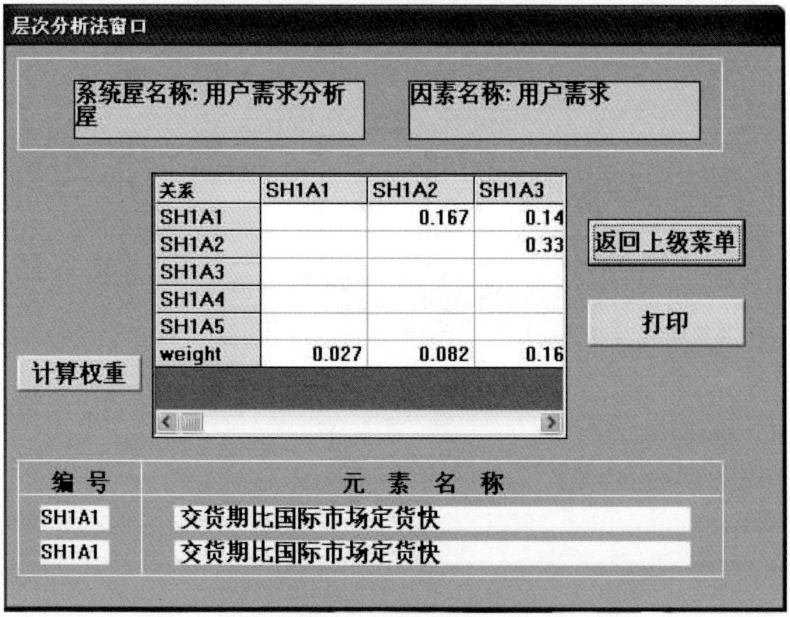

图 3.9　AHP 单排序法计算输入因素各元素权重界面

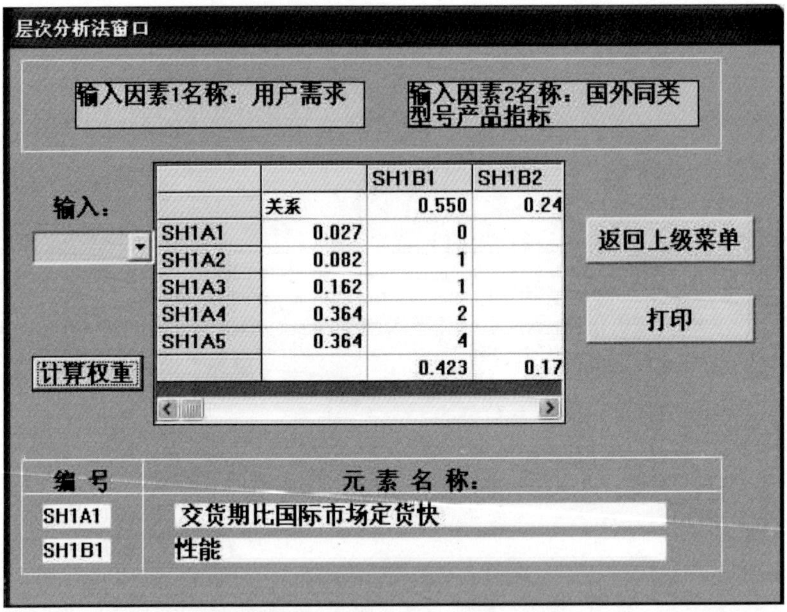

图 3.10 两个输入因素综合权衡界面

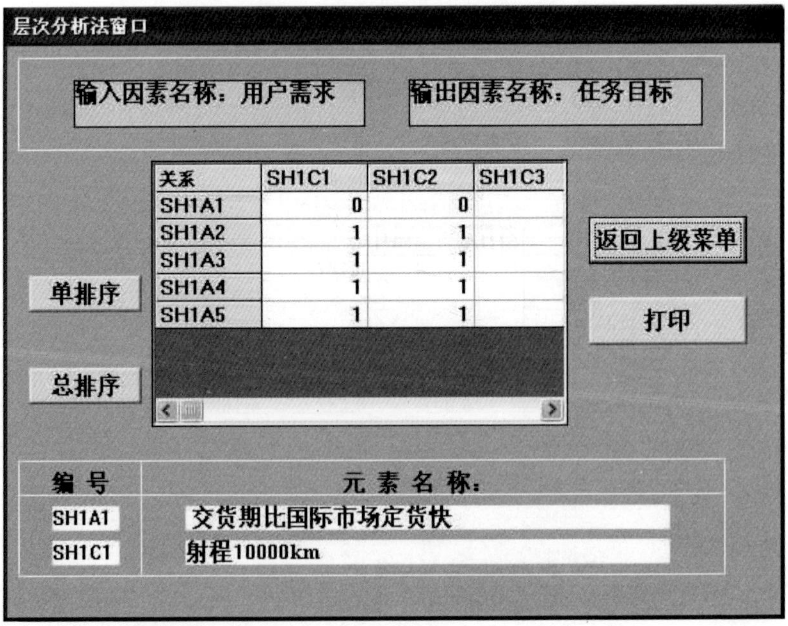

图 3.11 输入输出因素各元素的相关分析界面

层次分析法窗口

因素名称:用户需求　　　元素名称:交货期比国际市场定货快

关系	SH1C4	SH1C5
SH1C3	3	3
SH1C4		1
SH1C5		
weight	0.200	0.200

计算权重

返回上级菜单

打印

编　号	元　素　名　称
SH1C3	可靠性为90%
SH1C3	可靠性为90%

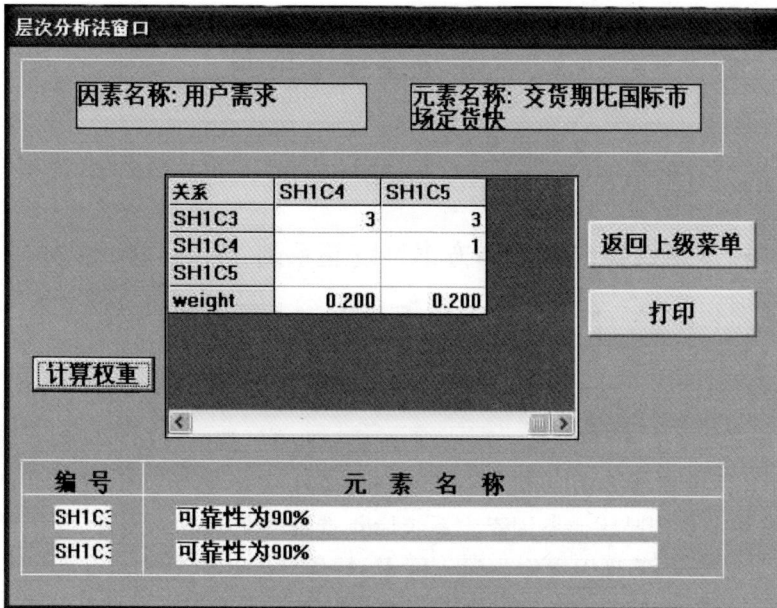

图 3.12　输出因素各元素相关分析的界面

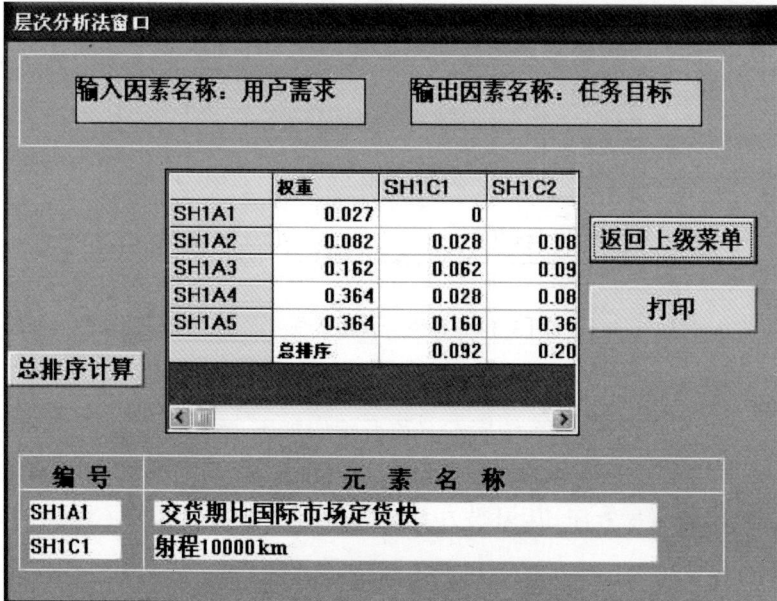

层次分析法窗口

输入因素名称:用户需求　　　输出因素名称:任务目标

	权重	SH1C1	SH1C2
SH1A1	0.027	0	
SH1A2	0.082	0.028	0.08
SH1A3	0.162	0.062	0.09
SH1A4	0.364	0.028	0.08
SH1A5	0.364	0.160	0.36
总排序		0.092	0.20

总排序计算

返回上级菜单

打印

编　号	元　素　名　称
SH1A1	交货期比国际市场定货快
SH1C1	射程10000km

图 3.13　针对输入因素输出因素各元素总排序结果的界面

3.7 系统屋技术用例

为了进一步直观形象地描述系统屋技术,给出一个用例。例中系统屋的各元素和权重打分都是虚拟假设的。

3.7.1 构建某武器装备总体方案系统屋系列

某武器装备研制过程中,在系统方案论证、总体规划阶段建立了由4个系统屋组成的系统屋系列。系统屋1选址于需求分析、功能标识和确定任务。系统屋2选址于功能转换、任务展开和条件分析。系统屋1和系统屋2选址和框架如图3.14所示,两者是串行关系,尤其应注重两者之间的转移与反馈。系统屋3选址于技术要素展开,它把系统屋2输出因素中的技术因素作为输入因素,如条件因素中分离出技术储备因素。系统屋4选址于管理要素展开,它把系统屋2的输出因素中的管理因素作为输入因素,如条件因素中分离出经费、设备、场地因素,任务目标因素分离出进度、效益指标因素。系统屋3和系统屋4的选址框架如图3.15所示,两者是并行关系,尤其应注意两者分离与接口。

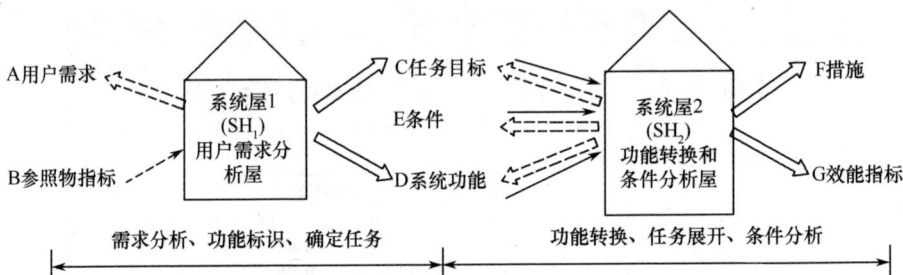

图 3.14　系统屋 1 和系统屋 2

随后,建立该武器装备的各系统屋的"阳台"、"墙面"和"屋顶"。

为了分析方便,明确各系统屋的名称及编码如下:系统屋1称为用户需求分析屋,其编码为 SH_1;系统屋2称为功能转换和条件分析屋,其编码为 SH_2;系统屋3称为技术要素展开屋,其编码为 SH_3;系统屋4称为管理要素展开屋,其编码为 SH_4。

3.7.2 用户需求分析屋

1. 用户需求分析屋的输入和输出因素

系统屋1——用户需求分析屋(SH_1)的输入因素包括:"用户需求"(SH_1A)和

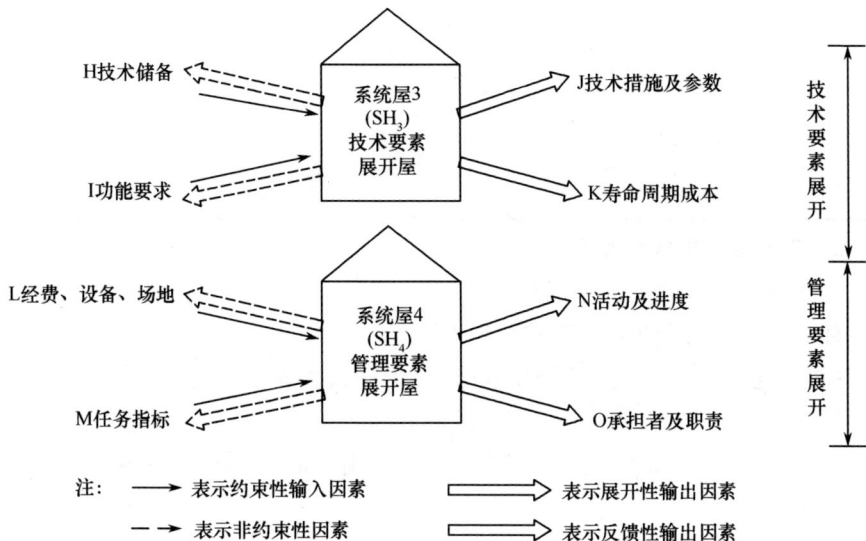

图 3.15　系统屋 3 和系统屋 4

"国外同类型号产品指标"(SH_1B),输出因素是"任务目标"(SH_1C)和"系统功能"(SH_1D)。这 4 个因素下属的元素如表 3.3 ~ 表 3.6 所列。

表 3.3　"用户需求"(SH_1A)各元素的名称和编码

元素编码	元素名称
SH_1A_1	交货期比国际市场订货快
SH_1A_2	价格是国际市场价格的 2/3
SH_1A_3	绝对安全
SH_1A_4	可靠性水平明显提高
SH_1A_5	性能达到国际先进水平

表 3.4　"国外同类型号产品指标"(SH_1B)各元素的名称和编码

元素编码	元素名称
SH_1B_1	性能
SH_1B_2	价格
SH_1B_3	可靠性

表 3.5　"任务目标"(SH_1C)各元素的名称和编码

元素编码	元素名称
SH_1C_1	射程 10000km
SH_1C_2	有效载荷 800kg
SH_1C_3	可靠性为 90%
SH_1C_4	安全性为 99%
SH_1C_5	研制进度为 3 年

表 3.6　"系统功能"(SH_1D)各元素的名称和编码

元素编码	元素名称
SH_1D_1	"发射的灵活机动性"
SH_1D_2	"飞行"
SH_1D_3	"攻击目标"

2. 开展用户需求分析屋分析

1）确定输入因素各元素的权重

建立用户需求分析屋,即开展用户需求分析,初步确定"用户需求"(SH_1A)和"国外同类型号产品指标"(SH_1B)这两个输入因素的各元素后,确定其相对重要度。

（1）运用层次分析法的层次单排序确定"用户需求"(SH_1A)各元素的权重W,如表 3.7 所列。

表 3.7　"用户需求"(SH_1A)各元素的权重

A	A_1	A_2	A_3	A_4	A_5	W
A_1	1	1/5	1/7	1/9	1/9	0.028
A_2	5	1	1/3	1/5	1/5	0.080
A_3	7	3	1	1/3	1/3	0.162
A_4	9	5	3	1	1	0.365
A_5	9	5	3	1	1	0.365

$CR = 0.0436 < 0.1$,A满足一致性要求。

通过对"用户需求"的 5 个元素的重要度分析,得知可靠性水平明显提高和性能达到国际先进水平最重要,其权重均为 0.365。

（2）运用层次分析法的层次单排序确定"国外同类型号产品指标"(SH_1B)各元素的权重W,如表 3.8 所列。

表 3.8　"国外同类型号产品指标"(SH_1B)各元素的权重

B	B_1	B_2	B_3	W
B_1	1	2	3	0.550
B_2	1/2	1	1	0.240
B_3	1/3	1	1	0.210

$CR = 0.0157 < 0.1$,B满足一致性要求。

通过对"国外同类型号产品指标"的 3 个元素的重要度分析,得知性能最为重要,其权重为 0.550。

2）"用户需求"和"国外同类型号产品指标"的相关分析

运用矩阵表法对两个输入因素"用户需求"（SH_1A）和"国外同类型号产品指标"（SH_1B）进行相关分析，结果如表 3.9 所列。

表 3.9　"用户需求"和"国外同类型号产品指标"相关分析

		B_1	B_2	B_3	
		0.550	0.240	0.210	
A_1	0.028	0	1	0	0.034
A_2	0.080	1	3	0	0.182
A_3	0.162	1	0	3	0.169
A_4	0.365	3	1	3	0.283
A_5	0.365	3	1	2	0.331
		0.385	0.185	0.430	

通过上述相关分析，可以看出，"用户需求"因素权重的排序与同"国外同类型号产品指标"进行相关分析前基本一致，因此，后面的分析采用"用户需求"各元素的权重进行。

3）"用户需求"与"任务目标"的相关分析

运用层次分析法总排序法，对系统屋 1 的输入因素"用户需求"（SH_1A）和输出因素"任务目标"（SH_1C）进行相关分析，确定输出因素的各元素并得出其相关重要度。

（1）确定"用户需求"与"任务目标"的相关性。

输入因素"用户需求"（SH_1A）和输出因素"任务目标"（SH_1C）的相关性如表 3.10 所列。

表 3.10　"用户需求"和"任务目标"的相关性

C A	C_1	C_2	C_3	C_4	C_5
A_1			1	1	1
A_2	1	1	1	1	1
A_3	1	1	1	1	1
A_4	1	1	1	1	1
A_5	1	1	1	1	1
注：1 代表的是相关符号					

（2）下面分别针对"用户需求"的各元素（A_1、A_2、A_3、A_4、A_5）对"任务目标"的各元素（C_1、C_2、C_3、C_4、C_5）进行层次单排序分析。

①元素 A_1 "对于交货期比国际市场订货快",判断矩阵及相应权重见表 3.11。

表 3.11   针对 A_1 的层次单排序

A_1	C_3	C_4	C_5	W
C_3	1	3	3	0.600
C_4	1/3	1	1	0.200
C_5	1/3	1	1	0.200

CR $=0<0.1$,C 满足一致性要求。

②元素 A_2 "价格是国际市场价格的 2/3",判断矩阵及相应权重见表 3.12。

表 3.12   针对 A_2 的层次单排序

A_2	C_1	C_2	C_3	C_4	C_5	W
C_1	1	1/5	1/7	1/9	1/9	0.028
C_2	5	1	1/3	1/5	1/5	0.080
C_3	7	3	1	1/3	1/3	0.162
C_4	9	5	3	1	1	0.365
C_5	9	5	3	1	1	0.365

CR $=0.0435<0.1$,C 满足一致性要求。

③对于 A_3 "绝对安全",判断矩阵及计算的相应权重见表 3.13。

表 3.13   针对 A_3 的层次单排序

A_3	C_1	C_2	C_3	C_4	C_5	W
C_1	1	1/2	1/3	1/4	1/5	0.062
C_2	2	1	1/2	1/3	1/4	0.097
C_3	3	2	1	1/2	1/3	0.160
C_4	4	3	2	1	1/2	0.263
C_5	5	4	3	2	1	0.417

CR $=0.015<0.1$,C 满足一致性要求。

④对于 A_4 "可靠性水平明显提高",判断矩阵及计算的相应权重见表 3.14。

表 3.14   针对 A_5 的层次单排序

A_4	C_1	C_2	C_3	C_4	C_5	W
C_1	1	1/5	1/7	1/9	1/9	0.028
C_2	5	1	1/3	1/5	1/5	0.080
C_3	7	3	1	1/3	1/3	0.162
C_4	9	5	3	1	1	0.365
C_5	9	5	3	1	1	0.365

$CR = 0.043 < 0.1$，C 满足一致性要求。

⑤对于 A_5 "性能达到国际先进水平"，判断矩阵及计算的相应权重见表 3.15。

表 3.15　针对 A_5 的层次单排序

A_5	C_1	C_2	C_3	C_4	C_5	W
C_1	1	1/3	1/3	3	5	0.160
C_2	3	1	1	5	7	0.366
C_3	3	1	1	5	7	0.366
C_4	1/3	1/5	1/5	1	1/3	0.049
C_5	1/5	1/7	1/7	3	1	0.060

$CR = 0.080 < 0.1$，C 满足一致性要求。

(3)对"任务目标"（SH_1C）的元素进行总排序，如表 3.16 所列。

表 3.16　对"任务目标"因素各元素的总排序

	权重	C_1	C_2	C_3	C_4	C_5
A_1	0.028	0	0	0.600	0.200	0.200
A_2	0.080	0.028	0.080	0.162	0.365	0.365
A_3	0.162	0.062	0.097	0.160	0.263	0.417
A_4	0.365	0.028	0.080	0.162	0.365	0.365
A_5	0.365	0.160	0.366	0.366	0.049	0.060
	总排序	0.081	0.185	0.248	0.228	0.257

$CR = 0.061 < 0.1$，C 满足一致性要求。

通过运用层次分析法的层次总排序法，对"用户需求"（SH_1A）和"任务目标"（SH_1C）的相关分析得知，该武器装备研制任务目标中各元素的相对重要度，其中最为重要的是研制进度为 3 年，其权重达到 0.257，其次为可靠性为 90% 和安全性为 99%，即对于该武器装备研制缩短研制进度、提高可靠性和安全性指标是最为重要的任务目标。

4）"用户需求"与"系统功能"的相关性

运用层次分析法总排序法，对系统屋 1 的输入因素"用户需求"（SH_1A）和输出因素"系统功能"（SH_1D）进行相关分析，确定输出因素的各元素并得出其相关重要度。

(1)输入因素"用户需求"（SH_1A）和输出因素"系统功能"（SH_1D）的相关性如表 3.17 所列。

表 3.17 "用户需求"和"系统功能"的相关性

A \ D	D_1	D_2	D_3
A_1			
A_2			
A_3	1	1	1
A_4	1	1	1
A_5	1	1	1
注:1 代表的是相关符号			

D_1、D_2、D_3 对 A_1、A_2 没有相关性,故不进行单排序。

(2)分别针对"用户需求"的各元素(A_3、A_4、A_5)对"系统功能"的各元素(D_1、D_2、D_3)进行层次单排序分析。

①对于 A_3 "绝对安全",判断矩阵及计算的相应权重见表 3.18。

表 3.18 针对 A_3 的层次单排序

A_3	D_1	D_2	D_3	W
D_1	1	3	3	0.600
D_2	1/3	1	1	0.200
D_3	1/3	1	1	0.200

CR = 0.0 < 0.1,D 满足一致性要求。

②对于 A_4 "可靠性水平明显提高",判断矩阵及计算的相应权重见表 3.19。

表 3.19 针对 A_4 的层次单排序

A_4	D_1	D_2	D_3	W
D_1	1	3	5	0.648
D_2	1/3	1	2	0.230
D_3	1/5	1/2	1	0.122

CR = 0.043 < 0.1,C 满足一致性要求。

③对于 A_5 "性能达到国际先进水平",判断矩阵及计算的相应权重见表 3.20。

表 3.20 针对 A_5 的层次单排序

A_5	D_1	D_2	D_3	W
D_1	1	3	3	0.600
D_2	1/3	1	1	0.200
D_3	1/3	1	1	0.200

CR = 0.0 < 0.1,D 满足一致性要求。

(3)对"系统功能"(SH_1D)的元素进行总排序,如表3.21所列。

表3.21 对"系统功能"各元素的总排序

A	A_3	A_4	A_5	W	W的修正值
WD	0.1640	0.3627	0.3627		
D_1	0.6	0.648	0.6	0.5512	0.620
D_2	0.2	0.230	0.2	0.1887	0.212
D_3	0.2	0.122	0.2	0.1496	0.168

CR = 0.008 < 0.1,C满足一致性要求。

通过应用AHP的层次总排序,对"用户需求"和"系统功能"的相关分析,由于D_1、D_2、D_3对A_1、A_2没有相关性,直接考虑D_1、D_2、D_3和A_3、A_4、A_5的相关性,A_3、A_4、A_5的权重之和不等于1,故对D的权重进行了归一化处理,得知,该武器装备系统功能中各元素的相对重要度,其中最为重要的是发射的灵活机动性(D_1),其权重达到0.620。

3.7.3 功能转换和条件分析屋

1. 功能转换和条件分析屋的输入和输出因素

系统屋2—功能转换和条件分析屋(SH_2)的输入因素是用户需求分析屋的输出因素"任务目标"(SH_1C)和"系统功能"(SH_1D),增加输入因素"条件",记作SH_2E,下属的元素见表3.22。功能转换和条件分析屋的输出因素是两个措施方案SH_2F^1、SH_2F^2和效能指标(SH_2G),分别对应的下属的元素见表3.22~表3.25。

表3.22 "条件"各元素的名称和编码

元素编码	元素名称
SH_2E_1	技术储备
SH_2E_2	研制经费
SH_2E_3	设备和场地

表3.23 "措施方案1"各元素的名称和编码

元素编码	元素名称
$SH_2F_1^1$	用X型发动机
$SH_2F_2^1$	用Y型制导雷达
$SH_2F_3^1$	进行实物试验

表 3.24　"措施方案 2"各元素的名称和编码

元素编码	元素名称
$SH_2F_1^2$	用 X 型发动机
$SH_2F_2^2$	用 Y 型制导雷达
$SH_2F_3^2$	Z 仿真试验替代 Z 实物试验
$SH_2F_4^2$	W 单位承担

表 3.25　效能指标各元素的名称和编码

元素编码	元素名称
SH_2G_1	发射和飞行时间 XX
SH_2G_2	抗干扰能力 XX
SH_2G_3	攻击力 XX
SH_2G_4	命中精度半径 XX
SH_2G_5	反导能力

2. 功能转换和条件分析屋分析

1）确定输入因素各元素的权重

建立功能转换和条件分析屋,初步确定输入因素的各元素后,确定其相对重要度。运用层次分析法的层次单排序确定"条件"(SH_1E)各元素的权重 W,如表 3.26 所列。

表 3.26　"条件"各元素的权重

A	E_1	E_2	E_3	W
E_1	1	3	3	0.600
E_2	1/3	1	1	0.200
E_3	1/3	1	1	0.200

$CR = 0.0 < 0.1$,E 满足一致性要求。

通过对"条件"的 3 个元素重要度分析,得知技术储备最重要,其权重为 0.6。

2）"任务目标"与输出因素 F^1 的相关分析

应用 AHP 总排序法,以"任务目标"C 为输入因素,对"任务目标"C、"措施方案 1"(F^1)进行相关分析,确定输出因素 F^1 各元素并得出相关重要度。

（1）确定"任务目标"与输出因素 F^1 的相关性。

输入因素"任务目标"与输出因素 F^1 的相关性如表 3.27 所列。

表 3.27 "任务目标"与"措施方案 1"的相关性

	C_1	C_2	C_3	C_4	C_5
F_1^1	1	1	1	1	1
F_2^1	1	1	1	1	1
F_3^1		1	1	1	1
注:1 代表的是相关符号					

(2)下面分别针对"任务目标"的各元素(C_1、C_2、C_3、C_4、C_5)对的各元素对 F^1(F_1^1、F_2^1、F_3^1)进行层次单排序分析。

①元素 C_1"射程 1000km",判断矩阵及相应权重见表 3.28。

表 3.28 针对 C_1 的层次单排序

C_1	F_1^1	F_2^1	W
F_1^1	1	2	0.667
F_2^1	1/2	1	0.333

CR = 0 < 0.1,F^1 满足一致性要求。

②元素 C_2"有效载荷 800kg",判断矩阵及相应权重见表 3.29。

表 3.29 针对 C_2 的层次单排序

C_2	F_1^1	F_2^1	F_3^1	W
F_1^1	1	2	3	0.550
F_2^1	1/2	1	1	0.240
F_3^1	1/3	1	1	0.210

CR = 0.0157 < 0.1,F^1 满足一致性要求。

③元素 C_3"可靠性为 90%",判断矩阵及相应权重见表 3.30。

表 3.30 针对 C_3 的层次单排序

C_3	F_1^1	F_2^1	F_3^1	W
F_1^1	1	3	3	0.600
F_2^1	1/3	1	1	0.200
F_3^1	1/3	1	1	0.200

CR = 0 < 0.1,F^1 满足一致性要求。

④元素 C_4"安全性为 99%",判断矩阵及相应权重见表 3.31。

表 3.31 针对 C_4 的层次单排序

C_4	F_1^1	F_2^1	F_3^1	W
F_1^1	1	3	5	0.648
F_2^1	1/3	1	2	0.230
F_3^1	1/5	1/2	1	0.122

CR = 0.0032 < 0.1,F^1 满足一致性要求。

⑤元素 C_5 "安全性为99%",判断矩阵及相应权重见表 3.32。

表 3.32 针对 C_5 的层次单排序

C_5	F_1^1	F_2^1	F_3^1	W
F_1^1	1	3	3	0.600
F_2^1	1/3	1	1	0.200
F_3^1	1/3	1	1	0.200

CR = 0 < 0.1,F^1 满足一致性要求。

(3)对"措施方案1"各元素进行总排序,见表 3.33。

表 3.33 对"措施方案1"各元素的总排序

	权重	F_1^1	F_2^1	F_3^1
C_1	0.081	0.667	0.333	0
C_2	0.185	0.550	0.240	0.210
C_3	0.248	0.600	0.200	0.200
C_4	0.228	0.648	0.230	0.122
C_5	0.257	0.600	0.200	0.200
	总排序	0.607	0.225	0.168

CR = 0.0028 < 0.1,F^1 满足一致性要求。

通过运用 AHP 的层次总排序法,对"任务目标"(SH_1C)和"措施方案1"的相关分析得知,该武器装备研制最为重要的是用 X 型发动机,其权重达到了 0.607。

3)"条件"与"措施方案2"的相关性

运用 AHP 总排序法,对系统屋2的输入因素"条件"(SH_1E)和输出因素 F^2 进行相关分析,确定输出因素的各元素并得出其相关重要度。

(1)"条件"(SH_1E)和输出因素 F^2 的相关性见表 3.34。

表 3.34 "条件"与"措施方案 2"的相关性

	E_1	E_2	E_3
F_1^2	1	1	
F_2^2	1	1	
F_3^2	1	1	1
F_4^2	1	1	1

(2)下面分别针对"条件"的各元素(E_1、E_2、E_3)对 F^2 的各元素(F_1^2、F_2^2、F_3^2、F_4^2)进行层次单排序分析。

①元素 E_1 "技术储备",判断矩阵及相应权重见表 3.35。

表 3.35 针对 E_1 的层次单排序

E_1	F_1^2	F_2^2	F_3^2	F_4^2	W
F_1^2	1	3	5	7	0.564
F_2^2	1/3	1	3	5	0.263
F_3^2	1/5	1/3	1	3	0.118
F_4^2	1/7	1/5	1/3	1	0.055

CR = 0.043 < 0.1,F^2 满足一致性要求。

②元素 E_2 "研制经费",判断矩阵及相应权重见表 3.36。

表 3.36 针对 E_2 的层次单排序

E_2	F_1^2	F_2^2	F_3^2	F_4^2	W
F_1^2	1	3	5	5	0.558
F_2^2	1/3	1	3	3	0.249
F_3^2	1/5	1/3	1	1	0.096
F_4^2	1/5	1/3	1	1	0.096

CR = 0.016 < 0.1,F^2 满足一致性要求。

③元素 E_3 "设备和场地",判断矩阵及相应权重见表 3.37。

表 3.37 针对 E_3 的层次单排序

E_3	F_3^2	F_4^2	W
F_3^2	1	3	0.75
F_4^2	1/3	1	0.25

CR = 0 < 0.1,F^2 满足一致性要求。

(3)对"措施方案 2"各元素进行总排序,见表 3.38。

表 3.38　"措施方案 2"各元素的总排序

	权重	F_1^2	F_2^2	F_3^2	F_4^2
E_1	0.600	0.564	0.333	0.118	0.055
E_2	0.200	0.558	0.249	0.096	0.096
E_3	0.200	0.750	0.250	0.200	0
	总排序	0.600	0.258	0.090	0.0252

CR = 0 < 0.1，F^2 满足一致性要求。

通过运用 AHP 的层次总排序法，对"条件"（SH_1E）和"措施方案 2"（F^2）的相关分析得知，该武器装备研制最为重要的是用 X 型发动机，其权重达到了 0.600。

4）两个措施方案 F^1、F^2 的相关分析

(1) F^1 和 F^2 合并内容相同的元素。

$$F = \{ F^1 \cup F^2 \} = \{ F_1^1, F_2^1, F_3^1, F_3^2, F_4^2 \}$$

措施方案（SH_2F）的 5 个元素为用 X 型发动机、用 Y 型制导雷达、Z 仿真试验替代 Z 实物试验、进行实物试验、W 单位承担。

(2) 列出 F 相关矩阵表，填写元素间的相关度，见表 3.39。

表 3.39　F 相关矩阵表

F	F_1^1	F_2^1	F_3^1	F_3^2	F_4^2
F_1^1	1	0	0.4	0.1	0.7
F_2^1	0	1	0.4	0.1	0.4
F_3^1	0.4	0.4	1	−1	0.4
F_3^2	0.1	0.1	−1	1	0.1
F_4^2	0.7	0.4	0.4	0.1	1

(3) 列相关方阵计算表，见表 3.40。

表 3.40　F 相关矩阵表

		F_1^1	F_2^1	F_3^1	F_3^2	F_4^2
		0.600	0.258	0.0000	0.090	0.052
F_1^1	0.607	1	0	0.4	0.1	0.7
F_2^1	0.225	0	1	0.4	0.1	0.4
F_3^1	0.168	0.4	0.4	1	−1	0.4
F_3^2	0.000	0.1	0.1	−1	1	0.1
F_4^2	0.000	0.7	0.4	0.4	0.1	1
	权重	0.505	0.190	0.124	0.016	0.165

通过对"措施方案"（F）的 5 个元素的重要度分析,得知"用 X 型发动机"最重要,其权重达到了 0.505,其次为"用 Y 型制导雷达"、"某单位承担",并且实物试验不用完全用仿真试验代替。

5）输入因素"系统功能"（SH_2D）与输出因素"效能指标"（SH_2G）的相关分析

运用 AHP 的总排序法,对系统屋 2 的输入因素"系统功能"（SH_2D）和"效能指标"（SH_2G）进行相关分析,确定效能指标的各元素并得出其相关重要度。

（1）确定"系统功能"与"效能指标"的相关性。

"系统功能"与"效能指标"的相关性如表 3.41 所列。

表 3.41　"系统功能"与"效能指标"

G ＼ D	D_1	D_2	D_3
G_1	1	1	1
G_2		1	1
G_3			1
G_4	1	1	1
G_5	1	1	1
注:1 代表的是相关符号			

（2）分别针对"系统功能"的各元素（D_1、D_2、D_3）对 G 的各元素进行层次单排序分析。

①元素 D_1 "发射",判断矩阵及相应权重见表 3.42。

表 3.42　针对 D_1 的层次单排序

D_1	G_1	G_4	G_5	W
G_1	1	3	5	0.648
G_4	1/3	1	2	0.230
G_5	1/5	1/2	1	0.122

CR = 0.0032 < 0.1,G 满足一致性要求。

②元素 D_2 "飞行",判断矩阵及相应权重见表 3.43。

表 3.43　针对 D_2 的层次单排序

D_2	G_1	G_2	G_4	G_5	W
G_1	1	3	5	7	0.564
G_2	1/3	1	3	5	0.263
G_4	1/5	1/2	1	3	0.118
G_5	1/7	1/5	1/3	1	0.055

CR = 0.043 < 0.1，G 满足一致性要求。

③对于 D_3 "研制目标"，判断矩阵及计算的相应权重见表 3.44。

表 3.44　针对 D_3 的层次单排序

D_3	G_1	G_2	G_3	G_4	G_5	W
G_1	1	1/3	1/3	3	5	0.160
G_2	3	1	1	5	7	0.366
G_3	3	1	1	5	7	0.366
G_4	1/3	1/5	1/5	1	1/3	0.049
G_5	1/5	1/7	1/7	3	1	0.060

CR = 0.080 < 0.1，G 满足一致性要求。

（3）对"效能指标"G 各元素进行总排序，见表 3.45。

表 3.45　"效能指标"各元素的总排序

	权重	G_1	G_2	G_3	G_4	G_5
D_1	0.620	0.648	0	0	0.230	0.122
D_2	0.212	0.564	0.263	0	0.118	0.055
D_3	0.168	0.160	0.366	0.366	0.049	0.060

CR = 0.054 < 0.1，G 满足一致性要求。

（4）应用矩阵表法，对"措施方案"F 和"效能指标"G 进行相关分析，见表 3.46。

表 3.46　"措施方案"和"效能指标"的相关分析

		G_1	G_2	G_3	G_4	G_5	
		0.505	0.190	0.124	0.016	0.165	
G_1	0.548	5	3	1	1	3	0.232
G_2	0.117	5	5	1	1	1	0.235
G_3	0.062	3	3	1	3	3	0.171
G_4	0.176	3	5	1	1	3	0.193
G_5	0.097	3	3	3	5	1	0.168
		0.328	0.272	0.091	0.115	0.195	

通过运用 AHP 的层次总排序法，对 F 和 G 相关分析得知，该武器装备"效能指标"中最为重要的是 G_1 "发射和飞行时间 XX"，其权重达到 0.328，其次为 G_2 "抗干扰能力 XX"和 G_5 "反导能力"。

第4章 QFD与其他方法的结合

QFD的应用可贯穿产品开发的全过程,可以将它作为纽带,把其他质量工程技术、可靠性工程技术等工具连接起来,发挥综合效力,全面保证产品质量。图4.1表示了基本的集成方式。

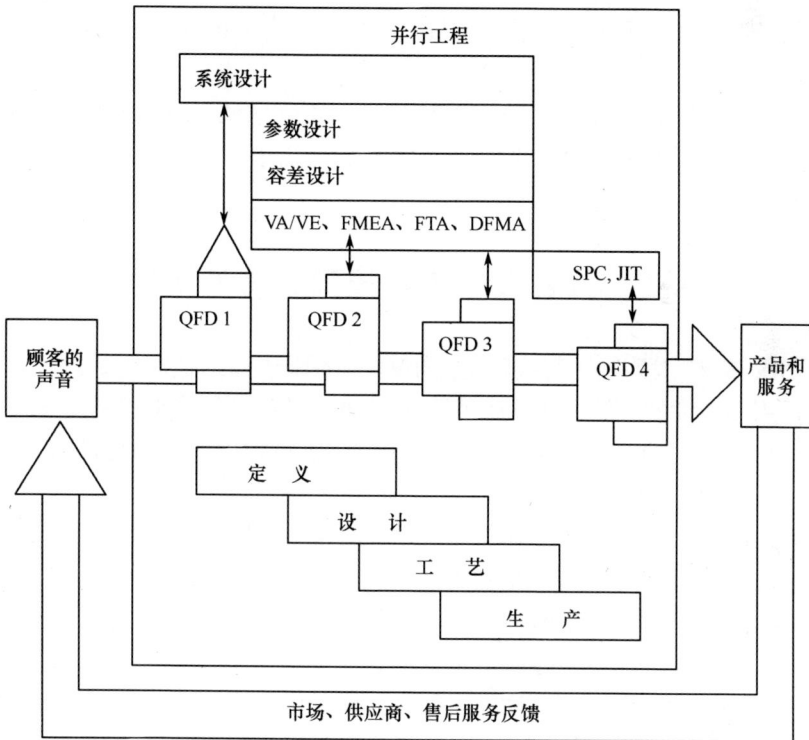

图4.1 QFD与其他质量可靠性工具的集成

注:DFMA:Design for manufacture and assembly,面向制造和装配的设计;

VA:Value analysis,价值分析; VE:Value engineering,价值工程;

FMEA:Failure mode effect analysis,故障模式影响分析;

FTA:,Fault tree analysis,故障树分析;

JIT:Just-in-time manufacture,及时制造。

4.1　QFD 与 QC 新老七种工具的结合

QC 新老七种工具用于质量控制和质量改进,在原因分析、对策实施等方面有很强的实用性,QFD 则可用于更为科学和综合化的分析过程,在 QC 活动中,两者完全可以结合起来。群众性的 QC 小组活动推动了第一线工程技术人员对 QFD 的理解,为 QFD 更深入的应用积累经验,而 QC 新老七种工具得到 QFD 的支持,将使对问题的把握更为科学化,有力地推动问题的解决。实践中可以采用的模式为,在 PDCA 循环中,对质量改进项目现有的不足之处,用因果图进行原因分析,总结出顾客需求,在此基础上建立质量屋,确定相应的工程措施,在对策表中安排实施。

质量屋的结构本身是 QC 新老七种工具中矩阵图法、矩阵数据分析法和系统图法的应用和扩展;在建立质量屋时,对于顾客需求和工程措施的整理等也适用亲和图法。

4.2　QFD、TRIZ 和田口方法的协同

TRIZ(俄文"发明问题解决理论"的缩写)着眼于通过把握技术系统的演变规律,运用创造性的思维方式彻底消除系统冲突以获得最终理想的问题解决方案。田口方法旨在把产品和过程设计成相对于不可控因素是稳健的,产品和过程的稳健性是其考虑的重点。

QFD、TRIZ 和田口方法对产品开发过程的某些方面都有独特的贡献。从整个产品开发过程来看,TRIZ 和田口方法的重点都在工程技术方面,对顾客需求、期望和偏好缺乏系统的、全面的考虑。作为顾客驱动的计划过程,QFD 在理论上弥补了 TRIZ 和田口方法存在的缺陷。作为各具特色的问题解决系统,TRIZ 和田口方法可以为 QFD 顾客满意目标的实现提供强有力的支撑,弥补 QFD 存在的缺陷,作为对 QFD 理论的补充和拓展,结合并行工程思想,可以建立 QFD、TRIZ 和田口方法的整合模型,如图 4.2 所示。

在上述模型中,QFD 以结构化的方式并行地把"顾客的声音"系统地展开到产品规划、产品设计、工艺计划和生产计划中,为 TRIZ 和田口方法提供了问题解决的方向和重点,把二者集成在实现顾客满意目标之下。TRIZ 和田口方法共同成为 QFD 强有力的问题解决工具,为在产品开发中创造性地实现顾客满意目标提供了技术方法和数据信息。QFD、TRIZ 和田口方法集成的模型是对顾客驱动计划方法的重要补充和拓展,三者的集成使得建立在 QFD 理论基础上的产品

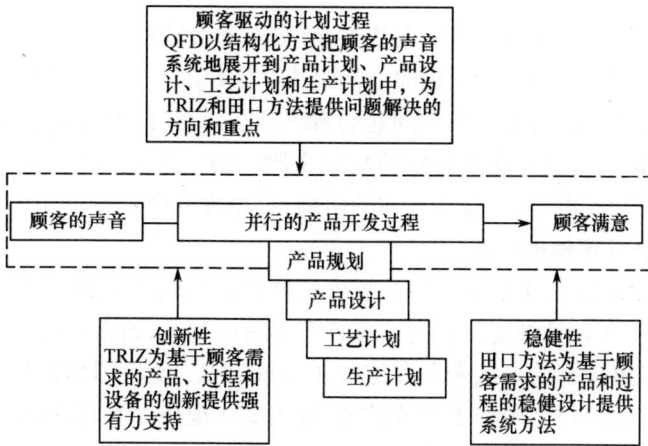

图 4.2 　QFD、TRIZ 和田口方法的整合模型

开发过程是以顾客满意为总体目标,既是一个强有力的问题解决的计划过程,又有创新、稳健和并行的显著特征。

顾客驱动的产品稳健设计过程,见图 4.3。这一过程中,多次重复使用了QFD、TRIZ 和田口方法。

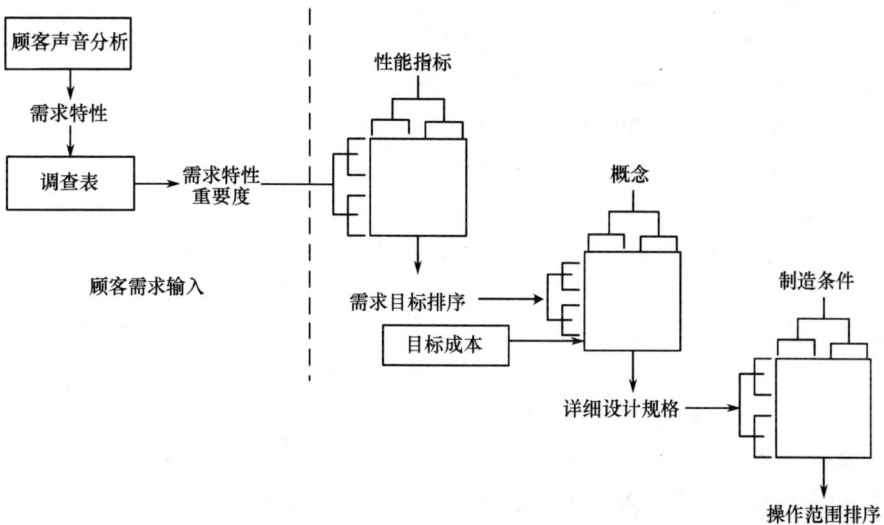

图 4.3 　产品设计阶段 QFD 步骤

1. 顾客需求输入

顾客驱动的设计过程开始于顾客分析,首先识别顾客群,选择顾客归类的标

准,将顾客归类。然后通过了解顾客需求和使用现场环境,将"顾客的声音"排序,并按需求特性、功能、可靠性、解决方案、安全和故障模式分类。

在获得顾客范围表中的数据时应满足 TRIZ 和田口方法的需要。TRIZ 要求对系统的约束、资源、历史上类似问题的解决办法以及有害和有益功能有一个彻底理解,现场访问是获得这类信息的最好来源。田口方法需要了解改变设计参数的变化原因和自由度,获得这方面的信息,现场也是理想源。

2. 产品性能指标的产生

由 QFD 小组使用质量屋将顾客需求特性信息映射为性能指标。如果产品是原型的提升,在设计性能指标时通常含有矛盾或冲突,通常在确定技术基准后采取目标值设置折衷的办法来调和这些矛盾或冲突。运用 TRIZ 方法可以减少质量屋屋顶的各项目之间的矛盾或冲突,这主要体现在以下几方面:

(1)解决冲突。使用 TRIZ 常常减少冲突的程度,用 TRIZ 分析物质和技术的矛盾,常常就不需要在性能上采取折衷来解决。

(2)预测未来设计。部门目标值选择的思考过程是针对竞争的预期趋势,是与现有设计的性能相关的。TRIZ 告之新设计的演变路径,能用来预测具有竞争力的未来设计。

(3)保护设计。TRIZ 能够用来解决技术和物理上的冲突,这样其目标值的设立不需要折衷,从而可以运用专利,阻止竞争和保护现有未来设计。

(4)着眼于问题和冲突,改进制造设备。

(5)着眼于问题的演化,改进制造过程。

(6)着眼于系统和环境资源,减少成本,走向理想化。

同时,可以应用质量损失函数,能更有效地确定技术基准。

3. 概念设计

概念设计是设计过程的首要阶段,不良的概念设计将导致产品性能和质量上的根本缺陷,很难通过后续的详细设计、工艺设计等活动得到纠正。QFD 是优化设计的方法,首先是用于确定为满足顾客需求要"做什么"。TRIZ 是设计中创新与解决问题的方法,提供了一系列解决问题的工具。将两者有机结合能解决设计过程中"做什么"及"如何做"的问题。

图 4.4 所示为 QFD 及 TRIZ 集成型概念设计过程的主体部分。其中图 4.4(a)是设计过程中顾客需求分析的质量屋。该图明确地表示出顾客需求与产品特性的关系。图 4.4(b)描述了产品特性与产品支持功能之间的关系。支持功能是通过功能分析确定的,是底层功能。如果已知这些功能,通过被称为自底向上已有或能实现的部件、过程、子系统的抽象,实现对产品功能的支持。按照 TRIZ 的理论,当对待设计的产品进行功能分解时,支持功能的功能方法树可形

成待设计产品的总功能,即形成产品新的概念。对于创新设计,支持功能中存在至少一对冲突,彻底解决这些冲突是创新设计的核心。

设计中的冲突分为技术冲突与物理冲突两类。图4.4(c)中的冲突解决矩阵用于解决技术冲突,该矩阵为40行40列,其中第1行或第1列为按顺序排列的序号,其意义为TRIZ中39个标准工程参数的序号。除第1行与第1列外,其余39行与39列形成一矩阵,矩阵元素或空,或有几个数字。这些数字表示TRIZ中40条发明原理序号,即解决该冲突可用的发明原理。图4.4(c)中的分离原理用于解决设计中的物理冲突。TRIZ中分析归纳出4条物理冲突解决原理:空间分离、时间分离、基于条件的分离和整体与部分的分离。

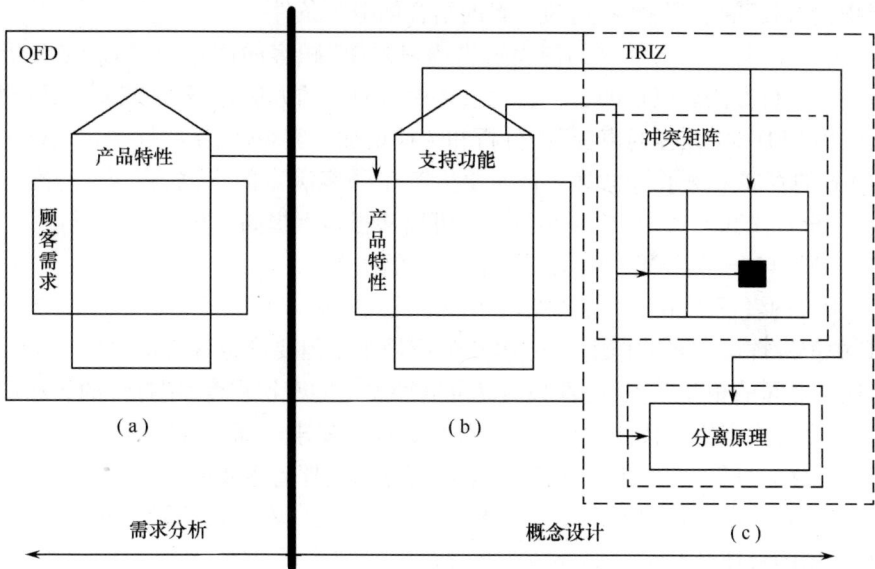

图4.4 概念设计过程模型

田口方法为每一个概念确定符合稳健性设计的最好的设计值。

4. 生产计划

这一阶段通过使用TRIZ和田口方法,可以使制造的过程、设备和现有技术的能力得到明显提升。

这一过程中,TRIZ的作用:

(1)搜寻改进产品制造过程的技术、工艺,增加产品制造基础的宽广度。

(2)针对制造过程的操作流程中有用和有害的功能,运用TRIZ改进其过程。

(3)通过追踪设备的发展,改进制造产品的设备的设计。这常常导致设备设计巨大的飞跃,从而改进产品质量和收益率。

这一过程中,田口方法的作用:

(1)对于重要的操作环境可以使用田口方法的稳健运作条件。

(2)在生产过程中发现适当的信号来选择精确的输出期望值。

(3)对重要的运作条件开发一个设计实验数据库。

4.3　QFD 与价值工程的集成

QFD 和价值工程(VE)是市场竞争日趋激烈和质量管理理论与实践发展的产物,有相近的管理哲学,这为二者的结合创造了条件。

QFD 是提供一种特殊的图表来描述怎样使"顾客的声音"得以转换和展开的定量分析方法。以往的这一转化过程中所使用的方法,主要是依靠主观经验,而运用 QFD 对"顾客的声音"的分析和传递增加了客观性、系统性和定量化。这给 VE 的发展带来了新思路。企业要生产出顾客满意的产品,在 VE 的准备阶段、分析阶段和创新阶段上运用 QFD,可以从根本上提高成功率。

QFD 与 VE 以下几个特点是它们集成的基础:

(1)两者都采用多功能小组的组织形式。具有多功能的专家小组在 QFD 和 VE 中都发挥着重要的作用。在 QFD 的应用中不但要确定各质量特性与市场要求项目之间的相互关系,而且必须确定这种关系的密切程度,用打分的方法加以定量处理,确定质量特性的权重,从而明确技术要求。而在 VE 实施中,专家小组对信息的收集、功能价值评价、方案创新等都发挥着重要的作用。

(2)两者的基础都是"功能"。VE 的一个主要内容就是功能系统分析,即对 VE 对象的总体及其组成部分的功能进行研究和分析,确定必要功能,补足不足功能,剔除不必要功能,建立功能系统图等。而 QFD 技术要进行功能展开,它采用质量屋的形式把顾客需求的实现过程分解到产品开发的各个过程中去。

(3)两者都是强调以顾客为中心。QFD 和 VE 的应用只有符合"顾客的声音"才能产生效益。QFD 通过观察、问卷、小组面谈等市场调查方法与顾客沟通,其目的是明确顾客的需要和各种需要的优先顺序,再从顾客需求出发,通过一系列的相关矩阵分析把顾客需求转化为可以制造和检测的代用特性。而 VE 则把"顾客的声音"贯穿于其应用过程,从对象的选择、信息收集以及功能系统分析和方案创新都以"顾客的声音"为中心,在实施过程中,随时接受顾客的检验,保证 VE 的转化链准确无误地传递并最终满足顾客的需要。

VE 的开展主要经过四个阶段:准备、分析、创新和实施。QFD 在 VE 的不同阶段有不同的功能,见表4.1。

表 4.1　QFD 在 VE 各阶段的作用

VE 的各阶段	QFD 作用
准备阶段	收集、分析顾客需求,了解各需求的重要程度和顾客的满意度
分析阶段	分析顾客需求与产品功能要求之间的关系,以及各功能间的关系
创新阶段	根据分析结果,提出尽可能多的高价值的设想方案,并进行评价和优选
实施阶段	根据预先确定的目标和关键环节,进行方案实施,并总结评价经济效果

在开展 VE 的过程中,如果能充分调查和收集顾客的需求,从"顾客的声音"出发综合考虑所生产产品的必要功能,明确各个功能的性质及相互关系,就能合理地调整功能比重,使功能结构合理化。运用 QFD 可以有效地分析"顾客的声音",以提高产品价值为目标,把设计、工艺、制造等各部门和各类人员有机地结合起来,从而提高工作效率和工作质量。

综上所述,QFD 在 VE 中的应用框架如图 4.5 所示。

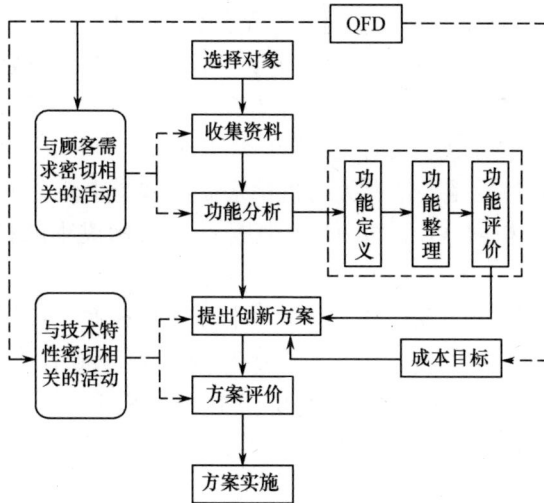

图 4.5　QFD 在 VE 中的运用框架图

QFD 在价值工程中实施共分为以下几个步骤:

(1)市场研究。

QFD 通常以市场研究为基础。假定相关的对象选择和信息调查中的市场调查已经完成,QFD 的步骤会帮助识别要取得一个好的发展前景所需要的补充信息,然后可以把注意力集中在所需要的特殊的补充性的市场信息。

QFD 要求以顾客的语言描述顾客的需求,小组成员不仅仅停留在顾客的语言表面,还要能够透过顾客的语言发现深层次定义的需求。

(2)"顾客的声音"分析。

顾客需求分析主要有三方面:需求的层次化分析、各需求的重要程度、顾客对各项要求的满意度。应该注意,顾客的许多需求是重复和交叉的,每个需求有一个相对重要度,应保证在有限的条件下,最大限度地满足"顾客的声音"。

(3)技术特性的确定。

在 VE 实施中,通过功能系统分析,对事物及其组成部分的功能进行系统的定性分析和定量分析,从而准确地掌握了顾客的功能要求。然后根据功能系统图,对各功能或功能区域进行功能价值评价,以确定提高价值的重点改进对象,这是 VE 的重要步骤。用 QFD 来描述以上过程就是确定实施方案的技术特性,并鉴定其与"顾客的声音"的联系,这要通过小组的共同努力,接触到更多的细节和可能性问题,这些问题都是从需求转到功能的主要变化。这一过程中可以用层次分析法对各零部件进行功能评价,以确定各自的功能评价系数。

(4)成本目标的确定。

VE 中功能价值评价的作用就是从经济的角度评价为实现某一功能所支付费用的有效程度。而运用 QFD 可以分析生产成本与产品价值之间的相互关系,可以用于去除对顾客来说价值不大且制造费用较高的那部分产品功能,确定哪些是设计或生产成本可以降低而又不以牺牲顾客满意程度为代价的部分。通过确定与每项技术特性的重要性有关的目标来完成这个步骤。由此可见,QFD 技术矩阵中的成本分析对 VE 的实施,尤其是产品目标成本的控制有着重要的作用。

运用 QFD 进行设计目标成本及制造目标成本的控制,可以促进成本管理的闭环良性循环。通过定期进行经济活动分析,对生产经营活动中的耗费进行检查监督,以及时消除实现目标成本过程中的不利因素,全方位、全过程地控制成本,使产品成本实现最大限度的降低。

4.4　QFD 与 SPC 的集成

QFD 在与统计过程控制(SPC)集成过程中,其间交换的信息按其方向可分为两大类:即 QFD 提供给 SPC 的质量控制要求信息和 SPC 反馈给 QFD 的有关制造过程信息。

4.4.1　QFD 提供给 SPC 的质量控制要求信息

经过 QFD 分析可以提供给应用 SPC 的信息包括工艺过程信息、质量控制信息及设备与过程监测信息等,这些都是从满足顾客需求的角度对制造过程质量控制而应用 SPC 提出的。

1. 关键工艺过程信息

在应用 QFD 分析中,关键工序是指对产品零部件特性起重要作用的工序。应用 QFD 可以通过工艺规划矩阵将关键零部件特性转换为保证这些零部件特性的关键工序及其关键程度,并结合工艺过程设计和编制质量计划,给出对关键工序的要求,并提出对关键工序进行质量控制的具体措施和具体质量指标,以明确制造过程必须对这些工序进行重点控制。

2. 质量控制参数信息

通过生产计划参数矩阵,QFD 可以将关键工序转换成为制造过程中具体的关键工艺/质量控制参数,并结合质量计划给出关键工艺/质量控制参数的具体技术指标。同时还根据这些参数的关键程度,确定他们的具体控制点、控制方法、检验方法、检验样本容量、检验设备以及对检验设备精度要求等。制造和检验等过程按照应用 QFD 所提出的要求进行质量控制工作,可以保证满足顾客对产品质量的要求。

3. 制造过程和设备的监测信息

确保制造设备状态及制造过程参数处于正常范围,对保证关键工序及关键质量控制参数达到质量保证的要求,对质量问题的预防起着非常重要的作用。可以应用 QFD 分析提出关键工序和质量控制参数起决定作用或主要影响作用的制造设备及制造过程参数,给出对有关设备及过程的监测要求甚至监测方法。

4.4.2　SPC 反馈给 QFD 的信息

SPC 反馈给 QFD 是有关制造过程质量控制的信息,即制造过程的质量控制状况和能力的信息,这些信息主要反映制造过程相对于设计要求的实现状况。例如,零件的尺寸精度和表面质量等在控制图中难以处于正常的控制状态的情况。SPC 通过对以往制造过程不同零部件的制造、不同工序及不同的工艺控制参数收集和统计分析,获取各类产品、零部件及工序质量保证的薄弱环节。在制造过程采取新设备新工艺等方法对其薄弱环节进行改进的同时,还应将这些薄弱环节反馈给产品设计及 QFD 的应用。QFD 小组应得到制造过程的质量状况和能力在以下三方面的综合信息。

1. 重要程度

制造过程的重要环节及重要程度分别指在制造过程中对产品质量有较大影响的阶段、工序或工艺参数以及影响程度。在进行 QFD 的工艺计划和生产计划指标矩阵展开时,需要确定关键的工序和工艺/质量控制参数。在初次确定这些关键参数时,主要依据对以前制造过程的分析,这种分析有时会与实际情况有些出入。此外,在有些情况下,产品/零部件的质量参数与制造工艺及工艺参数之间的关系往往不太明确,存在模糊交叉的关系。以往对这种情况的处理方法是,根据测量得到的制造过程质量数据和工艺参数,用相关分析确定工序及工艺参数对产品质量参数的影响及其程度。

2. 困难程度

困难环节是指对制造过程来说难度较大的工序或难以控制的工艺/质量参数。在制造过程中出现困难环节的原因可能是由于某些工艺本身的难度大,也可能是企业某些制造设备、工夹具质量差及工艺能力差。总之,其结果是产品的质量难以得到保证。在 QFD 的工艺规划和生产计划指标矩阵展开时,虽然QFD 小组的意见考虑了制造过程的困难工艺与环节,但在实际制造过程中仍然会发生没有考虑到的情况。通过 SPC 分析制造过程有关数据,将容易失控的制造工艺或工艺参数反映给 QFD 小组。对困难环节的分析主要是应用控制图分析。

3. 熟练程度

对某一企业或某制造车间/单元甚至某台设备及其操作者来说,如果制造过程的某些工序已熟练掌握,则这些工序发生制造质量问题的可能性较小;反之,制造质量的保证会相对难一些。制造工艺的熟练程度可由工业工程理论中的熟练程度曲线理论确定。

以上三个方面都反映了制造过程的状况和能力,一般来说,作为一个制造过程的整体信息反馈给 QFD 小组时,要将这三者综合起来。QFD 小组根据反馈的这些信息再调整其最初展开时确定的对质量控制的要求。由于制造过程是不断变化的,如原来不熟练的工序慢慢地变得熟练了,困难的工序经过采取改进措施后变得不困难了。因此,这个反馈与调整是不断重复循环的过程。该过程进行到一定程度后,制造过程的能力就会得到较大程度的提高,这时,可根据提高后的制造过程能力来提高或改进产品的设计质量,实现产品质量的持续改进。

4.5 QFD 与可靠性工作的结合

4.5.1 QFD 用于顾客提出的可靠性要求的展开分析

在可靠性领域,近年来提出了"顾客牵引的可靠性"概念,即可靠性应由顾客来定义和评价,可靠性指标也要从顾客角度提出。为了开发满足顾客要求的可靠性的代用特性,即工程的可靠性特性,应考虑把 QFD 等质量工具集成到可靠性工程中。在美国空军《可靠性和维修性2000年大纲》、美国国防部可靠性分析中心的《产品可靠性蓝皮书》中,明文规定 QFD 方法是提高产品可靠性的方法之一,明确 QFD 可用于对顾客可靠性要求的分析。在产品开发阶段,可以运用 QFD 把预期的可靠性要求纳入顾客需求项,以推导出相应的技术保证措施,从而把可靠性设计入产品中。更深一步,可以将 QFD 与 FMEA、FTA 等可靠性分析技术结合起来,进行可靠性展开,或利用 QFD 为可靠性工程的实施指引目标和方向。

4.5.2　QFD 与 FMEA 的共同点和互补性

由于 QFD 是一个功能很强的目的—手段分析工具,近年来,一些专家提出将 QFD 和故障模式、影响分析(FMEA)等方法加以集成,从顾客的要求出发对可靠性进行展开,并确定薄弱环节和关键部位,以实现以顾客为中心的可靠性。

FMEA 技术是从工程实践中总结出来的科学方法,是一种有效且易掌握的可靠性分析技术。针对产品的研制生产而言,FMEA 是一种可靠性评估和设计技术,用于在一定的规则和基础数据的支持下,识别并判断产品中可能存在的故障模式,然后以所识别的每一个故障模式为出发点,逐一分析可能导致这些故障模式的原因,逐一研究分析其对本层次产品和上层次产品甚至整个产品系统的后果和影响,发现产品的关键部分和薄弱环节,最终提出在设计和生产过程中需要实施预防、改进或使用补偿的措施和进行重点控制项目的清单,其目的是消除或减少故障发生的可能性,以保证和提高其可靠性。

QFD 与 FMEA 主要共同点有以下几个方面:

(1)两种方法都不仅是具体的做法或公式,首先都是一种逻辑思维方式。因此,两种方法都有着广泛的适用范围,既适用于具体的产品设计生产,更适用于复杂系统研制。

(2)两种方法都适用产品的研发全过程,尤其是适用于事前的预先分析。

(3)两种方法的分析过程都是动态的,反复迭代的过程。

通过 QFD 与 FMEA 技术结合,尤其是与 QFD 技术的系统屋分析模型相结合,FMEA 分析输入的信息更加明确、系统,重点分析项目的确定和分析输出结果的应用更加具有系统性,即与型号研制过程中多因素、多层次的系统分析和综合权衡的结合更为密切。QFD 通过与 FMEA 结合,FMEA 的输入信息与顾客需求的联系更加密切,QFD 技术的分析模型按产品研制过程展开时,对潜在故障隐患和不确定因素的分析更加透彻,专家进行重要度、相关度打分更加心里有底,解决措施更加具有针对性。

4.5.3 在型号研制全过程 QFD 与 FMEA 的结合

QFD 技术适用于型号研制的全过程,尤其是最适用于型号研制的早期。系统屋分析模型尤其适用于多因素、多层次的系统分析和综合权衡。在型号研制早期的策划过程中,把系统屋作为一个系统性的分析工具,可用于对技术与管理决策提供支持。在型号研制的早期制订 FMEA 计划,便于确定型号研制系统工程中 FMEA 的重点项目及其时机和作用,便于系统性地计划开展 FMEA 活动,使各层次的 FMEA 有机联系,使 FMEA 与型号研制中系统分解和综合权衡有机结合,以优化方案和降低风险。

QFD 技术的系统屋分析模型应用于型号研制全过程就是将这种分析方法按研制程序融入于各研制阶段的系统工程管理。在型号研制全过程,QFD 技术系统屋分析与 FMEA 的结合应用模型如图 4.6 所示。

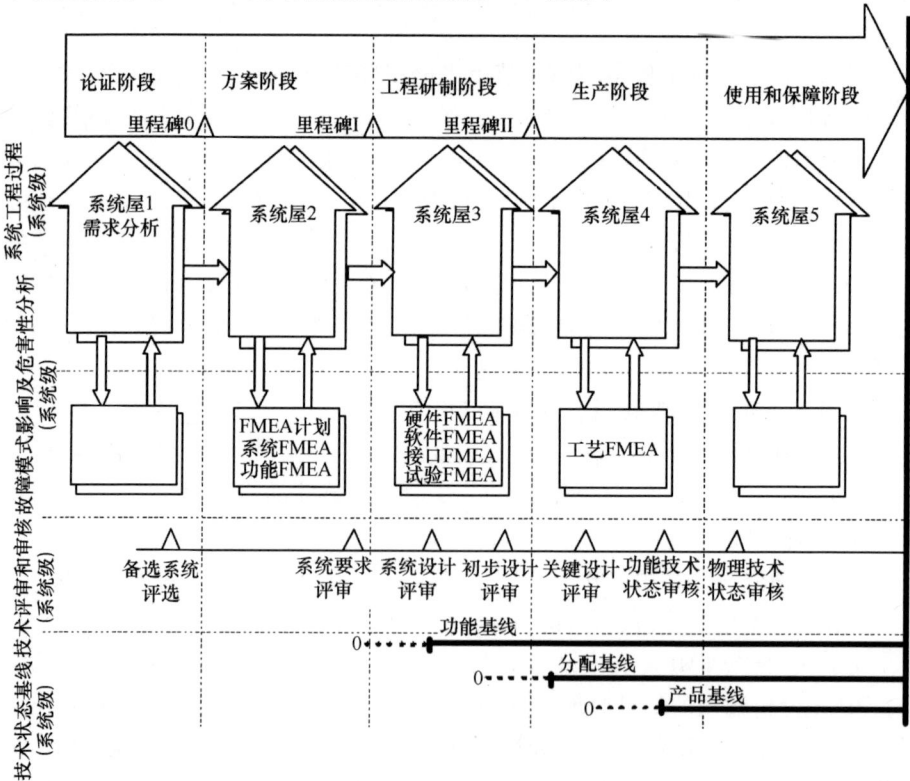

图 4.6 型号研制中 QFD 和 FMEA 的应用

各研制阶段通过建立一个系统屋或系统屋系列,系统性地分析、展开各研制阶段的输入、输出和各项活动的内容、条件、时机、责任等。同时,各研制阶段也

102

应针对潜在故障或不确定因素相应地开展 FMEA,其中在方案阶段主要是开展 FMEA 的计划、系统 FMEA 和功能 FMEA,在工程研制阶段开展功能 FMEA、硬件 FMEA、软件 FMEA、接口 FMEA、试验过程 FMEA 和试制工艺 FMEA,在生产阶段主要是开展生产工艺 FMEA。

在各研制阶段通过建立一个系统屋或系统屋系列,系统性地分析各研制阶段的输入因素,把各阶段的任务要求等输入因素系统性地转化为具体的工程措施等输出因素,并分析各因素的重要程度和相互之间的相关性。

在运用系统屋分析模型对各研制阶段多因素、多层次进行正向的分解展开和综合权衡的过程中,运用 FMEA 对潜在故障隐患和不确定因素进行反向分析,即系统 FMEA、功能 FMEA、硬件 FMEA 和过程 FMEA 等,分析其潜在故障及其原因、影响和危害度,并把其分析结果和建议采取的预防、改进或补偿措施反馈到系统屋分析之中,以便进一步对其展开落实,并使系统屋分析中专家对重要度、相关性的打分更加心里有底,使得各研制阶段系统屋中的不确定因素更加确定,使 QFD 分析输出科学,以消除故障隐患和降低风险。

虽然根据产品技术复杂程度、研制特点的不同,各类型号产品和各研制阶段的系统屋的结构和分析内容都会有所不同,但也存在着一定的相同之处。在型号研制各阶段,QFD 技术系统屋分析与 FMEA 结合应用的基本模型见图 4.7。

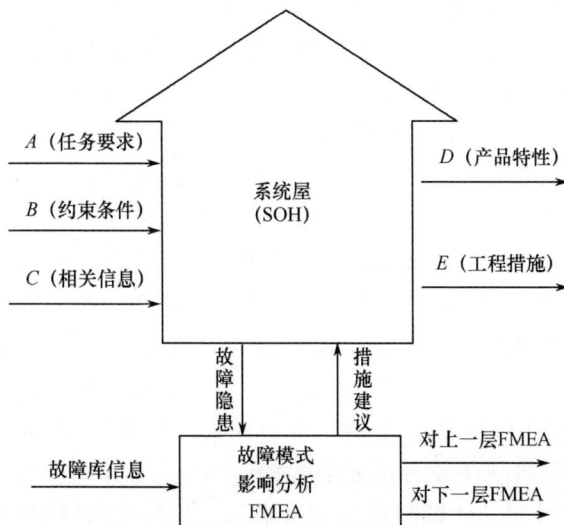

图 4.7　各研制阶段系统屋(SOH)与 FMEA 相结合的基本模型

在各阶段的系统屋分析中,分析程序可以采用如下步骤:

第一步，分析和初步确定任务要求、约束条件和相关信息各输入因素中的各元素及其重要度。

第二步，进行各输入因素之间的相关分析，使输入因素之间更加协调，其中任务要求与约束条件的相关分析主要是用于分析任务的可行性，任务要求与相关信息的相关分析的目的是使提出的任务要求更加具有先进性和合理性。

第三步，进行输入因素与输出因素的相关分析，将输入因素转化为输出因素，其中将任务要求作为主要的输入因素，通过任务要求与产品特性的相关分析提出更为具体的产品特性要求及其重要度；通过任务要求与工程措施的相关分析提出具体的工程措施及其重要度；通过约束条件与工程措施的相关分析，对工程措施的可行性进行分析。

第四步，输出因素之间的相关性分析，如产品性能与工作项目的相关性分析，使工作项目与产品性能指标的分解更加协调。

在运用系统屋进行输入因素与输出因素相关分析并提出产品特性和工程措施的过程中，对于具有潜在故障的产品功能、部件元素和不确定的工程措施元素，同时开展 FMEA，深入分析其潜在故障的内在原因和影响，提出相应的预防、改进或补偿措施，并将其反馈到产品特性要求和工程措施中，并在必要时对上一层 FMEA 和下一层 FMEA 提供信息以进一步开展相关的 FMEA，从而提高产品的可靠性和减少工程措施的不确定性。

工程研制阶段的主要任务是根据已经批准的项目研制任务书，进行产品的设计、试制和试验。在工程研制阶段可以建立一个系统屋或系统屋系列作为辅助性分析工具，为工程研制阶段研制工作提供支持。同时与之相结合开展硬件 FMEA、软件 FMEA、接口 FMEA、试验过程 FMEA 和试制工艺 FMEA。系统屋分析与 FMEA 在工程研制阶段结合应用的模型见图 4.8。

在工程研制阶段系统屋或系统屋系列中，输入因素是经过批准的研制任务书中的产品要求(A_1)、工作要求(A_2)、约束条件(B)和相关信息(C)，其中 A_1 是最主要的输入因素，A_2 也是重要的输入因素，对于相对简单的产品也可考虑将产品要求和工作要求合并，B 用于分析工程研制方案的可行性，C 作为辅助性输入因素为工程研制工作提供信息支持；输出因素产品特性(D)和工程措施(E)，其中 D 是全面符合研制任务书等文件要求的产品设计方案、图纸中主要的技术要求，包括符合设计要求的试制品，E 是工程研制阶段按研制程序和研制任务书要求应当完成的研制工作项目及其相应文件的制定。该系统屋分析主要有三大步骤：

第一步是分析输入因素之间的协调性，通过产品要求与工作要求的相关分

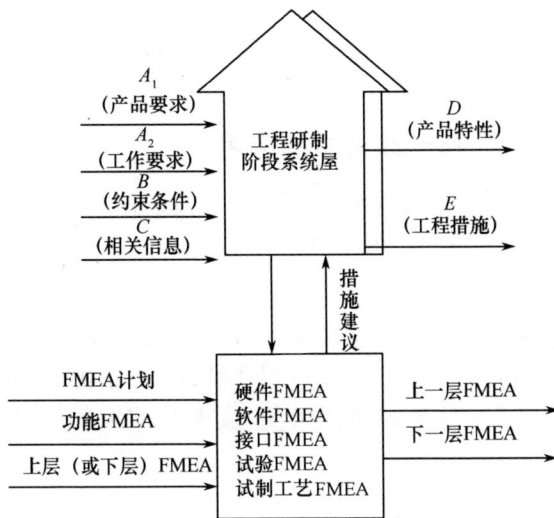

图 4.8　工程研制阶段系统屋分析与 FMEA 相结合的模型

析(A_1A_2),使产品要求和研制工作要求相协调;通过产品要求、工作要求与约束条件的相关分析(AB 或 A_1B、A_2B),分析其可行性;通过产品要求、工作要求与相关信息的相关分析(AC),分析工程研制方案的先进性和合理性。

第二步是通过输入因素与输出因素的相关分析,将输入因素转化为输出因素,包括:通过产品要求、工作要求与产品特性(AD)的相关分析提出主要的具体要求;通过产品要求、工作要求与工程措施的相关分析(AE)提出工程研制阶段和开展设计试制与试验工程措施及其应制定的文件;同时,通过约束条件与产品特性的相关分析(BD)、约束条件与工程措施的相关分析(BE),对产品设计要求、工程措施的可行性进行分析。

第三步是输出因素之间的相关分析,主要是通过产品特性与工程措施的相关分析(DE),使产品特性设计要求与实现这些特性的工程措施更加协调。

工程研制阶段在运用系统屋进行产品要求和指标的转换、分解和权衡分析的同时,对于潜在的不能实现预期要求的隐患相应地开展硬件 FMEA、软件 FMEA、接口 FMEA、试验过程 FMEA 和试制工艺 FMEA,对上一层 FMEA 和下一层 FMEA 提供信息以进一步开展相关的 FMEA,对相同或相似故障进行相关分析和统计分析,寻找故障的共同模式和共同原因,分析故障连锁性、系统性的影响,并将分析结果反馈到产品的设计、试验和试制工程工作,以便采用相应的预防、改进措施或提出使用补偿措施,从而保证产品的可靠性并降低技术风险和减少型号研制工作的不确定性。

4.6 QFD 在六西格玛改进和设计中的应用

4.6.1 QFD 在六西格玛改进中的应用

六西格玛管理包括"六西格玛改进"和"六西格玛设计"(Design for Six Sigma,DFSS),六西格玛管理的改进流程有五个阶段:界定(Define)、测量(Measurement)、分析(Analysis)、改进(Improvement)、控制(Control),其简称按其英文缩写为 DMAIC。DMAIC 强调以顾客为中心,将持续改进与顾客满意以及企业经营目标联系起来,以数据来描述产品或过程业绩,并充分利用定量分析和统计方法。通过减小过程的变异实现减低风险、成本与缩短周期等目的。如图 4.9所示。

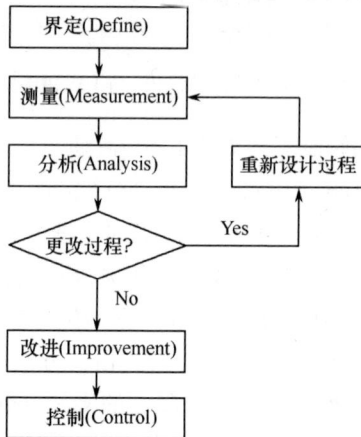

图 4.9 六西格玛 DMAIC 流程图

在 DMAIC 流程的项目定义阶段,QFD 有助于根据外部和内部顾客对产品的意见和产品使用中发生的问题,科学地确定六西格玛项目,QFD 可帮助项目组分析产品的设计目标值和规格限是否满足顾客要求,作为西格玛水平和过程能力指数评估的前提。QFD 也是测量、分析阶段的有力工具,实际上因果矩阵只是 QFD 质量屋的一种简化形式。

4.6.2 QFD 在六西格玛设计中的应用

QFD 是开展六西格玛设计(DFSS)必须应用的最重要的方法之一,应用六西格玛设计的流程是识别(Identify)、界定(Define)、研制(Develop)、优化设计(Optimize)、验证(Verify),按其英文缩写为 IDDOV。为了保证设计目标值与顾客的

106

要求完全一致,质量特性的规格限满足顾客的需求,在 IDDOV 流程的第一步识别(Ⅰ)阶段就应采用 QFD 方法分析和确定顾客的需求(设计目标值),并初步确定质量特性的规格限。在界定(D)阶段,需要应用 QFD 技术将顾客的需求科学地转化为设计要求,并确定关键质量特性和瓶颈技术,在产品研制和优化设计阶段,QFD 也可以发挥辅助的作用。

QFD 体现了以市场为导向,以顾客要求为产品开发唯一依据的指导思想。DFSS 方法体系框图见图 4.10。QFD 技术是开展六西格玛设计的先导步骤,通过对顾客需求的逐层展开来确定产品研制的关键质量特性和关键过程特性,从而为六西格玛设计的具体实施确定了重点。

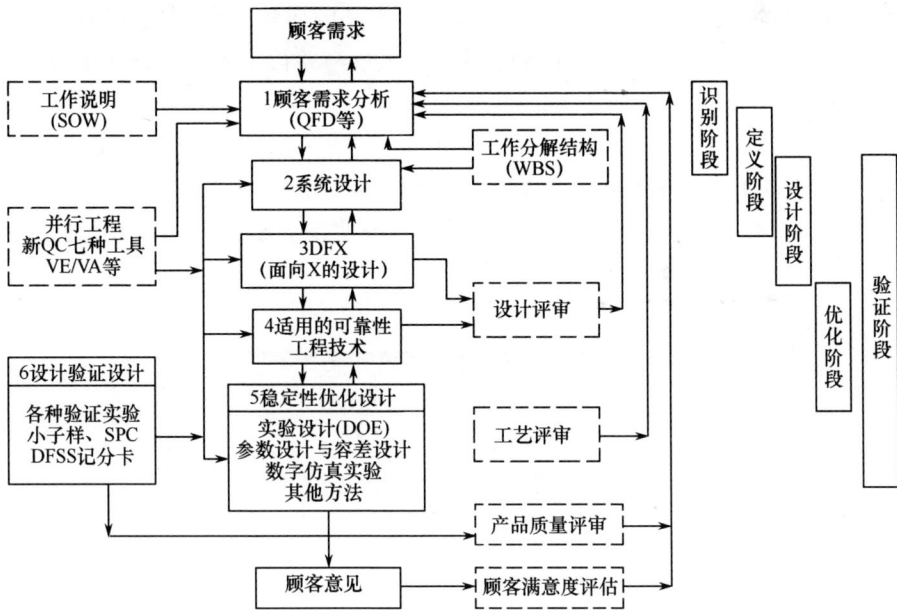

图 4.10　DFSS 方法体系框图

4.7　QFD 在并行工程中的应用

并行工程的发展与市场竞争的推动和信息技术的发展密切相关。一方面,由于竞争的激化,出现了经济全球化的趋势,有实力的企业纷纷提出了全球营销战略,要求在大范围和短时间内将产品投放市场并尽可能降低成本;另一方面,随着生产和装配向自动化方向发展,计算机技术的广泛应用,CAD/CAM 技术的深入发展,要求产品设计和工艺人员加强合作以改进产品的可生产性,保证产品的质量。为适应这一环境,需要对产品设计、工艺设计、制造等活动进行并行的实施,研制全过程中的信息数据应在整个企业内发布并由各个部门共享。这意味着在方案论证阶段就并行地考虑安排各项有关工作,在产品设计阶段充分考虑工艺、制造、运输、维修和售后服务的需要,以便最大限度地缩短产品开发周期,并保证研制项目一次成功。

由于 QFD 方法有效地支持了产品开发的策划工作,在组织结构上采用跨专业综合小组的形式,它的实施为并行工程的开展提供了一种载体,成为直观、形象、功能强大的系统分析工具。四个阶段的质量屋系列是按照并行工程原理,在产品开发早期就同步完成的,规划了产品全寿命周期的全部工作,尽可能暴露各种矛盾并予以解决,这样就可以避免技术方案的重大更改,减少了返工和报废,缩短了产品的研制周期,降低了成本,提高了产品的质量,保证产品研制一次成功。波音公司在 777 新型飞机的研制中,就 QFD 与并行工程的结合运用进行了有益的实践,取得了良好效果。

当然,在并行工程应用 QFD 对跨专业综合小组提出了更高的要求,即不同的阶段应有不同技术背景的小组成员参与攻关;对同一小组成员,由于并行工程的需要,应兼顾不同阶段的质量功能展开。跨专业多功能综合 QFD 小组实施并行工程时运用 QFD 的模型图见图 4.11。

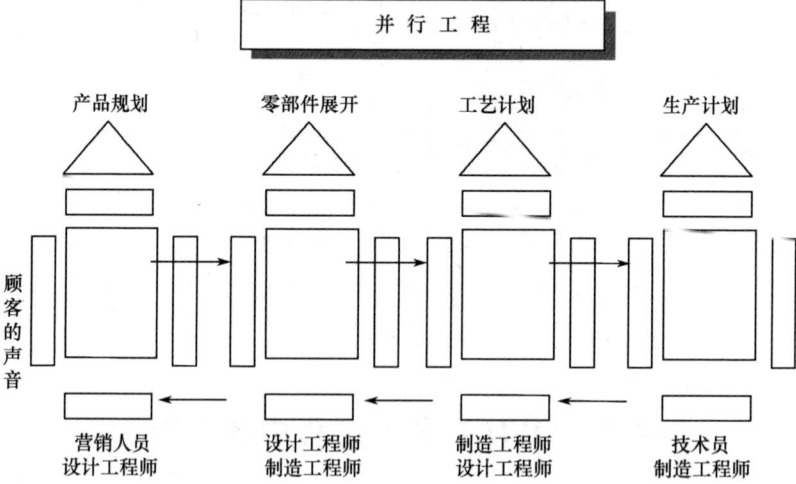

图 4.11　并行工程运用 QFD 的模型图

第5章　其他量化评估方法

5.1　德尔菲法(专家评价法)

假设有 K 个有经验的专家,第 k 个专家对 m 个顾客要求给定的权重系数为 $w_{1k}, w_{2k}, \cdots, w_{mk}$,这里,$k = 1, 2, \cdots, K$。集中 K 个专家的意见,即经过统计 $w'_l = \dfrac{1}{K} \sum_{k=1}^{K} w_{lk}, l = 1, 2, \cdots, m$。然后再把结果返回给专家。这样经过几次反复,最后确定 m 个顾客要求的重要性系数 $w_1, w_2, \cdots, w_m, 0 \leqslant w_l \leqslant 1, \sum_{l=1}^{m} w_l = 1$。德尔菲法需要 K 个有经验的专家进行判断调整。但有时由于专家较少,难以得到满意的结果。另外,同一个单位内的专家可能由于文化等因素的影响而形成一种一致的,但却不是客观的顾客需求重要性的观念。因此,主观上的判断容易造成偏差。而顾客要求的重要性系数是反映顾客要求重要性程度的指标,所以利用从顾客那里得到的信息是最重要的。

5.2　带信任度的德尔菲法

设 U 是论域,A 是 U 中待确定其隶属函数的模糊集。带信任度的德尔菲法的步骤如下:

(1)对 A 提出主要的影响因素,连同较为详尽的资料发送给选定的 n 位专家。请专家对于取定的 $u_0 \in U$,给出隶属度 $A(u)$ 的估计值 m。这一过程应是专家各自独立进行的。

(2)设第 i 位专家第 1 次给出的估计值为 $m_{1i}, i = 1, 2, \cdots, n$,对于 $m_{11}, m_{12}, \cdots, m_{1n}$,计算平均值 $\overline{m}_1$ 和离差 d_1

$$\overline{m}_1 = \frac{1}{n} \sum_{i=1}^{n} m_{1i}$$

$$d_1 = \frac{1}{n} \sum_{i=1}^{n} \left| m_{1i} - \overline{m}_1 \right|^2$$

（3）不记名地将全部数据 $m_{11},m_{12},\cdots,m_{1n};\overline{m}_1;d_1$ 送交给每位专家,同时附上进一步的补充资料,请每位专家在阅读和思考之后,给出新的估计值:m_{21},$m_{22},\cdots,m_{2n}$。

（4）第（2）步和第（3）步可视需要重复若干次,直至离差值小于或等于预先给定的标准 $\varepsilon>0$。例如,在第 k 步首先达到 $d_k\leqslant\varepsilon$,这里,d_k 是第 k 步的离差。

（5）将第 k 步得到的对 $A(u_0)$ 的平均估计值 $\overline{m}_k$ 和 d_k 再交给各位专家,请他们作最后的"判断",给出估计值:$m_1,m_2,\cdots,m_n$。其中 m_i 是第 i 位专家的估计值,并且请每个人标出各自对所做估计值的"信任度",得到 $e_1,e_2,\cdots,e_n$。这里采用信任度表示专家对自己的估计的把握程度,这里规定信任度 e 取值于 $[0,1]$。当专家有绝对把握时,$e=1$;当专家毫无把握时,$e=0$。专家的信任度是一个心理指标,它取决于专家对资料和信息的占有程度、论据的充分性、专家经验的丰富程度和白信程度。

（6）对矩阵

$$\begin{bmatrix} m_1 & m_2 & \cdots & m_n \\ e_1 & e_2 & \cdots & e_n \end{bmatrix}$$

进行最后处理,处理方法有两种方法选择。

第 1 种方法:设 λ 是事先给定的标准,$0<\lambda<1$。令

$$M_\lambda=\{i:e_i\geqslant\lambda, \quad i=1,2,\cdots,n\}$$

则 $\overline{m}=\dfrac{1}{|M_\lambda|}\sum_{i\in M_\lambda}m_i$,$|M_\lambda|$ 表示集合 M_λ 的元素个数。也就是说,先以 λ 为尺子,将其信任度达不到 λ 的 m_i 全部删除,再计算余下估计值的平均值。$\overline{m}$ 就可以作为 $A(u_0)$ 的估计值。

第 2 种方法:计算

$$\overline{m}=\frac{1}{n}\sum_{i=1}^{n}m_i$$

以及

$$\overline{e}=\frac{1}{n}\sum_{i=1}^{n}e_i$$

称 $\overline{m}$ 为 $A(u_0)$ 在信任度 $\overline{e}$ 之下的估计值。若 $\overline{e}$ 较高从而达到了标准,则 $A(u_0)$ 就取作 $\overline{m}$,否则,虽可暂时使用 $\overline{m}$,但要特别注意信息反馈,不断通过"学习过程"完善 $A(u_0)=\overline{m}$。以上计算式是假设全体专家具有平等的地位和实践经验。由于专家们的学术地位和实践经验各不相同,最好采用不同的权重分配代替均权,即

$$\overline{m}=\sum_{i=1}^{n}w_im_i$$

以及
$$\overline{e} = \sum_{i=1}^{n} w_i e_i$$

式中：$w_1, w_2, \cdots, w_n$ 满足 $w_i \geqslant 0, i = 1, 2, \cdots, n,$ 且 $\sum_{i=1}^{n} w_i = 1$。

5.3 模糊聚类方法

如果需要更为严格地界定顾客需求的层次关系，可采用模糊理论中的模糊聚类方法。

所谓模糊，是指既在质上没有确切的含义，又在量上没有明确的界限。这种边界不清晰的模糊概念，是事物的一种客观属性，如人们常说的好、坏等概念，就是含义不确切、边界不清的模糊概念。在模糊理论中发展了专门的数学方法——模糊聚类法，整理这些模糊的信息，分析各条信息之间的相关程度，进行归类。顾客需求有时也属模糊信息的一种，归类时可以借用模糊聚类法，通过进行必要的量化评估和运算，科学地归纳顾客需求的层次结构。以下是具体的实施步骤。

（1）提取准确的分类指标。

这一步的目的是分析可用哪几项高一级的顾客需求（第一级顾客需求）概括所有的底层顾客需求（第二级顾客需求）。

第一级顾客需求可从以下方面入手提炼而成。

对产品功能方面的要求：如安全、高效、多功能、便携等。

对产品物理方面的要求：如外观尺寸、形状、颜色、速度、耐热等。

对产品材料方面的要求：如不生锈、抗疲劳、绝缘、导电、耐腐蚀等。

对产品经济方面的要求：如维护费用低、部件具有互换性等。

对产品时间方面的要求：如持续、速效、保值期、有效期、启动时间短等。

对产品环境方面的要求：如耐湿热、耐沙尘、耐风暴、无污染等。

对产品心理方面的要求：如时尚、整洁、新颖、高档、个性化等。

对产品包装方面的要求：如符合产品标识、便于搬运、外观漂亮等。

对产品售后方面的要求：如保换期、维修期、维修快捷、可免费升级、服务态度好等。

以固体发动机的设计为例，经调查、整理出的第二级顾客需求如下：

X_1：工作安全可靠。

X_2：推力充足。

X_3：推力、压强稳定。

X_4:使用寿命长。

X_5:能适应复杂路况下长途运输。

X_6:维修方便。

X_7:能适应高低温储存。

X_8:消极质量小。

X_9:能适应飞行时的气动加热。

对这九项顾客需求进行了综合分析,归纳出可用三项第一级顾客需求来加以概括,即 A_1:性能优良;A_2:可靠性和维修性高;A_3:环境适应能力好。

(2)顾客需求信息的向量表示。

这一步的目的是分析各二级顾客需求对第一级顾客需求的隶属程度。再次以固体火箭发动机设计为例,对任一第二级的顾客需求 X_i,构造一个三维向量 (x_{i1},x_{i2},x_{i3}),x_{i1} 表示该顾客需求对第一级顾客需求 A_1(性能优良)的从属程度,在 $[0,1]$ 区间取值,数值越大表示该需求隶属于 A_1 的程度越大;若值为 1 表示该顾客需求肯定是从属于 A_1 的一项子需求;若值为 0 表示该需求与 A_1 无关。同理,x_{i2}、x_{i3} 分别代表了该顾客需求对第一级顾客需求 A_2(可靠性和维修性高)、A_3(环境适应能力好)的从属程度。

请有关专家对各第二级顾客需求对应的向量进行评分,经统计综合后记为 $X_i = (x_{i1},x_{i2},x_{i3})$,如

$$X_1 = (0.6,0.7,0.2);X_2 = (0.9,0.2,0.1);X_3 = (0.9,0.3,0.1);$$

$$X_4 = (0.8,0.9,0.2);X_5 = (0.1,0.2,0.9);X_6 = (0.6,0.9,0.2);$$

$$X_7 = (0.1,0.1,0.9);X_8 = (0.9,0.5,0.3);X_9 = (0.2,0.1,0.9)。$$

(3)建立模糊相似矩阵。

从这一步(第三步)到第五步都属于按模糊聚类法进行的数据处理过程。

对于固体火箭发动机设计,得出各第二级顾客需求对应的向量指标后,首先要求出表示被分类对象间相似程度的系数 r_{ij},采用"绝对值减数法",公式为

$$r_{ij} = 1 - c \sum_{k=1}^{m} |x_{ik} - x_{jk}| \qquad (i = 1,2,\cdots,n;j = 1,2,\cdots,n)$$

c 是修正系数,取值在 $(0,1)$ 区间,只要使 $0 \leqslant r_{ij} \leqslant 1$ 即可,该处取 $c = 0.4$,m 是第一级顾客需求的项数,此处 $m = 3$,i 和 j 的取值从 1 到第二级顾客需求的项数 n,此处 $n = 9$。从 r_{ij} 的计算公式可以看出,r_{ij} 的值越大,表明第 i 项顾客需求和第 j 项顾客需求的相似程度越高。

由此得出相似矩阵 $\underset{\sim}{\boldsymbol{R}} = (r_{ij})_{n \times n}$

$$= \begin{bmatrix} 1 & 0.64 & 0.68 & 0.84 & 0.32 & 0.92 & 0.28 & 0.76 & 0.32 \\ 0.64 & 1 & 0.96 & 0.64 & 0.36 & 0.56 & 0.32 & 0.80 & 0.36 \\ 0.68 & 0.96 & 1 & 0.68 & 0.32 & 0.60 & 0.28 & 0.84 & 0.32 \\ 0.84 & 0.64 & 0.68 & 1 & 0.16 & 0.92 & 0.12 & 0.76 & 0.16 \\ 0.32 & 0.36 & 0.32 & 0.16 & 1 & 0.24 & 0.96 & 0.32 & 0.92 \\ 0.92 & 0.56 & 0.60 & 0.92 & 0.24 & 1 & 0.20 & 0.68 & 0.24 \\ 0.28 & 0.32 & 0.28 & 0.12 & 0.96 & 0.20 & 1 & 0.28 & 0.96 \\ 0.76 & 0.80 & 0.84 & 0.76 & 0.32 & 0.68 & 0.28 & 1 & 0.32 \\ 0.32 & 0.36 & 0.32 & 0.16 & 0.92 & 0.24 & 0.96 & 0.32 & 1 \end{bmatrix}$$

（4）求传递闭包 $t(R)$。

虽然相似矩阵 $\underset{\sim}{R}$ 中任一元素 r_{ij} 的大小在一定程度上表征了第 i 与第 j 项顾客需求的相似程度，但是不能以此矩阵作为第二级顾客需求的分类依据。根据模糊理论，只有模糊等价关系才可以与普通等价关系相对应。为此，应构造相应的模糊等价关系，数学上称之为求传递闭包。

在模糊数学中，若 $\underset{\sim}{R}$ 为论域 U 上的一个模糊等价关系，则必须满足条件：

①自反性：$\underset{\sim}{R}(u,u)=1, \forall u \in U$；

②对称性：$\underset{\sim}{R}(u,v)=\underset{\sim}{R}(v,u), u,v \in U$；

③传递性：$\underset{\sim}{R}^2 \subseteq \underset{\sim}{R}$。

此处 $\underset{\sim}{R}^2 = \underset{\sim}{R} \cdot \underset{\sim}{R} = \bigvee_{k=1}^{m}(r_{ik} \wedge r_{kj})$，算子 $\vee$ 表示在运算的两元素中取较大值，算子 $\wedge$ 表示在运算的两元素中取较小值。下面给出一个 3×3 的模糊相似矩阵 $\underset{\sim}{R}$ 的计算用例

$$\underset{\sim}{R} = \begin{bmatrix} 1 & 0.2 & 0.6 \\ 0.2 & 1 & 0.8 \\ 0.6 & 0.8 & 1 \end{bmatrix}$$

$\underset{\sim}{R}^2 = \underset{\sim}{R} \cdot \underset{\sim}{R} =$

$$\begin{bmatrix} (1 \wedge 1) \vee (0.2 \wedge 0.2) \vee (0.6 \wedge 0.6) & (1 \wedge 0.2) \vee (0.2 \wedge 1) \vee (0.6 \wedge 0.8) & (1 \wedge 0.6) \vee (0.2 \wedge 0.8) \vee (0.6 \wedge 1) \\ (0.2 \wedge 1) \vee (1 \wedge 0.2) \vee (0.8 \wedge 0.6) & (0.2 \wedge 0.2) \vee (1 \wedge 1) \vee (0.8 \wedge 0.8) & (0.2 \wedge 0.6) \vee (1 \wedge 0.8) \vee (0.8 \wedge 1) \\ (0.6 \wedge 1) \vee (0.8 \wedge 0.2) \vee (1 \wedge 0.6) & (0.6 \wedge 0.2) \vee (0.8 \wedge 1) \vee (1 \wedge 0.8) & (0.6 \wedge 0.6) \vee (0.8 \wedge 0.8) \vee (1 \wedge 1) \end{bmatrix} =$$

$$\begin{bmatrix} 1 & 0.6 & 0.6 \\ 0.6 & 1 & 0.8 \\ 0.6 & 0.8 & 1 \end{bmatrix}$$

对于 U 上的模糊相似矩阵 $\underset{\sim}{\boldsymbol{R}} = (r_{ij})_{n \times n}$，已满足自反性和对称性，当存在最小正整数 k，使得 $\underset{\sim}{\boldsymbol{R}}^{2k} = \underset{\sim}{\boldsymbol{R}}^{k}$ 时，传递闭包 $t(\boldsymbol{R}) = \underset{\sim}{\boldsymbol{R}}^{k}$，$t(\boldsymbol{R})$ 必然满足模糊等价关系的上述三个条件，以该矩阵为基础可向普通等价关系映射。对于固体火箭发动机设计，求出的 $t(\boldsymbol{R})$ 最终结果如下

$$t(\boldsymbol{R}) = \underset{\sim}{\boldsymbol{R}}^{8} = \underset{\sim}{\boldsymbol{R}}^{4} \cdot \underset{\sim}{\boldsymbol{R}}^{4}$$

$$= \begin{bmatrix} 1 & 0.76 & 0.76 & 0.92 & 0.36 & 0.92 & 0.36 & 0.76 & 0.36 \\ 0.76 & 1 & 0.96 & 0.76 & 0.36 & 0.76 & 0.36 & 0.84 & 0.36 \\ 0.76 & 0.96 & 1 & 0.76 & 0.36 & 0.76 & 0.36 & 0.84 & 0.36 \\ 0.92 & 0.76 & 0.76 & 1 & 0.36 & 0.92 & 0.36 & 0.76 & 0.36 \\ 0.36 & 0.36 & 0.36 & 0.36 & 1 & 0.36 & 0.96 & 0.36 & 0.96 \\ 0.92 & 0.76 & 0.76 & 0.92 & 0.36 & 1 & 0.36 & 0.76 & 0.36 \\ 0.36 & 0.36 & 0.36 & 0.36 & 0.96 & 0.36 & 1 & 0.36 & 0.96 \\ 0.76 & 0.84 & 0.84 & 0.76 & 0.36 & 0.76 & 0.36 & 1 & 0.36 \\ 0.36 & 0.36 & 0.36 & 0.36 & 0.96 & 0.36 & 0.96 & 0.36 & 1 \end{bmatrix} = \underset{\sim}{\boldsymbol{R}}^{4}$$

(5) 求 $\underset{\sim}{\boldsymbol{R}}$ 在论域 U 上的普通等价关系 R_{λ}，进行聚类分析。

根据模糊数学的理论，可以按论域 U 上的普通等价关系形成的等价类对 U 进行一种划分，即可以把 U 分成互不相交的若干子集（块），使 U 的任意一个元素属于且仅属于其中的某个子集，这种根据等价关系对 U 进行的划分，称作分类或聚类。

若 $\underset{\sim}{\boldsymbol{R}}$ 是 U 上的模糊等价关系，则对任意 $\lambda \in [0,1]$，$\underset{\sim}{\boldsymbol{R}}$ 对应的等价关系 R_{λ} 都是 U 上的普通等价关系。模糊等价关系与普通等价关系的这种对应性质具有非常重要的意义和实际应用的价值，现将前面求出的传递闭包作为 $\underset{\sim}{\boldsymbol{R}}$，则对任意 $\lambda \in [0,1]$，R_{λ} 是普通等价关系，而 R_{λ} 是可以对 U 进行划分的，于是给定一个 λ 值，得到一个 R_{λ}，产生一种对 U 的划分，不同的 λ 值，产生不同的 R_{λ}，对 U 的划分也不同，这样就可以根据实际需要选择某一 λ 值，实现对 U 的划分。

令 λ 从 1 到 0 变化，计算 R_{λ}，求出对 U 的所有划分。R_{λ} 的计算方法是：当 $r_{ij} \geq \lambda$ 时就令 $r_{ij} = 1$，当 $r_{ij} < \lambda$ 时，就令 $r_{ij} = 0$，由此得出 $R_{\lambda} = (r_{ij})_{n \times n}$。根据 R_{λ} 对信息进行分类时，只有那些对应的行和列构成的子矩阵元素全为 1 的信息才能划分为同一聚类。下面以固体火箭发动机设计为例进行聚类分析。

① $\lambda = 0.96$。要判断某几项顾客需求如第 i、j、k 项二级顾客需求是否属同一聚类，只需将 R_{λ} 中第 i、j、k 行和第 i、j、k 列交叉处的元素提取出来，构成新的子矩阵，若该矩阵各元素都为 1，则这几项顾客需求属同一聚类。

$$\boldsymbol{R}_{\lambda} = \begin{bmatrix} 1 & 0 & 0 & 0 & 0 & 0 & 0 & 0 & 0 \\ 0 & 1 & 1 & 0 & 0 & 0 & 0 & 0 & 0 \\ 0 & 1 & 1 & 0 & 0 & 0 & 0 & 0 & 0 \\ 0 & 0 & 0 & 1 & 0 & 0 & 0 & 0 & 0 \\ 0 & 0 & 0 & 0 & 1 & 0 & 1 & 0 & 1 \\ 0 & 0 & 0 & 0 & 0 & 1 & 0 & 0 & 0 \\ 0 & 0 & 0 & 0 & 1 & 0 & 1 & 0 & 1 \\ 0 & 0 & 0 & 0 & 0 & 0 & 0 & 1 & 0 \\ 0 & 0 & 0 & 0 & 1 & 0 & 1 & 0 & 1 \end{bmatrix}$$

按此标准,$\lambda = 0.96$ 时,固体火箭发动机的九项二级顾客需求被划分为六个类别,即

$$\{X_1\},\{X_2,X_3\},\{X_4\},\{X_5,X_7,X_9\},\{X_6\},\{X_8\}。$$

②$\lambda = 0.92$。$\boldsymbol{R}_{\lambda}$ 的表达式略,顾客需求被分为四类:$\{X_1,X_4,X_6\}$,$\{X_2,X_3\}$,$\{X_5,X_7,X_9\}$,$\{X_8\}$。

③$\lambda = 0.84$。顾客需求被相应分为三类:$\{X_1,X_4,X_6\}$,$\{X_2,X_3,X_8\}$,$\{X_5,X_7,X_9\}$。

④$\lambda = 0.76$。顾客需求被相应为分二类:$\{X_1,X_2,X_3,X_4,X_6,X_8\}$,$\{X_5,X_7,X_9\}$。

⑤$\lambda = 0.36$。顾客需求被相应分为一类:$\{X_1,X_2,X_3,X_4,X_5,X_6,X_7,X_8,X_9\}$。

(6)生成信息的分类图。

对于固体火箭发动机设计,将第五步的聚类结果表达为顾客需求的分类图,如下:

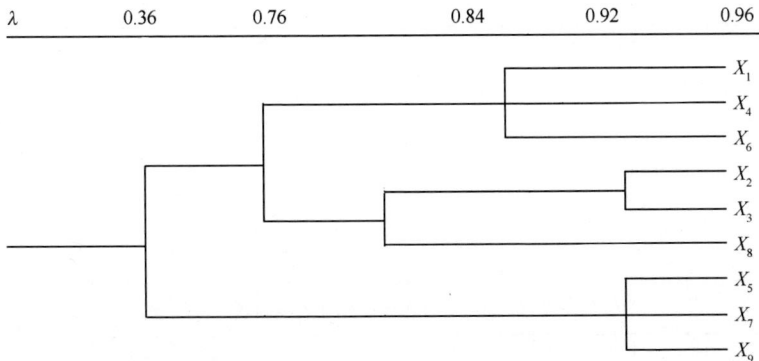

(7)分类,命名类别名称。

对于固体火箭发动机设计,由于已确认了三项第一级顾客需求,显然,$\lambda = 0.84$ 是一个恰当的分类,根据分类图,这两级顾客需求的隶属关系如下:

115

性能优良:$A_1 = \{X_2, X_3, X_8\} = \{$推力充足;推力、压强稳定;消极质量小$\}$;

可靠性高:$A_2 = \{X_1, X_4, X_6\} = \{$工作安全可靠;使用寿命长;维修方便$\}$;

环境适应能力强:$A_3 = \{X_5, X_7, X_9\} = \{$能适应复杂路况下长途运输;能适应高低温储存;能适应飞行时的气动加热$\}$。

(8)根据需要重复以上七步,归纳出更高一级的顾客需求。

上述方法是应用 F 等价关系将元素聚类。当被分类的元素比较多时,这个方法显得麻烦,可以使用直接聚类法、编网法、最大树法等方法,这些方法的具体步骤参见相应的文献,这里不再赘述。通过以上步骤,建立了分层的顾客需求。这一方法也可用于确定工程措施的层次体系。

5.4　模糊综合评判

人们对事物的评价常常带有模糊性,用经典的数学方法难以精确地加以度量,如果事物本身包含多个方面(多个因素),要综合起来加以评定,就更是如此。模糊理论针对这一情况推导了相应公式,形成了模糊综合评判法。在质量功能展开中,可以用该方法进行市场竞争能力和技术竞争能力评定。为此,应建立被评判事物的因素集和相应的评判集,再运用模糊综合评判公式进行计算。

表 5.1 为某无线电远距离操纵装置的质量展开表,该装置有两级顾客需求,第一级顾客需求(U_i)有"操作方便"和"安全"等。其中"操作方便"可细分为五项二级顾客需求(u_{ij}):"携带方便"、"操作中不感疲劳"、"对操作易于理解"、"能轻松愉快地操作"、"能处理复杂问题"。

表 5.1　某无线电远距操纵装置的需求质量展开表

1 次	2 次
1. 操作方便	1.1 携带方便
	1.2 操作中不感疲劳
	1.3 对操作易于理解
	1.4 能轻松愉快地操作
	1.5 能处理复杂问题
⋯	⋯
5. 安全	5.1 无误操作
⋯	⋯

运用模糊综合评判分析该装置市场竞争能力的步骤如下。

（1）建立评判矩阵。

为评价现产品的市场竞争能力，先建立因素集 $U_1 = \{$携带方便，操作中不感觉疲惫，对操作易于理解，能轻松愉快地操作，能处理复杂问题$\}$ 与评判集 $\{$国际一流，国内一流，一般，不太好，很差$\}$，经过调查，得出对各项顾客需求的评语比例如表 5.2 所列，表中各行评价值之和应为 1。由此表得出评价矩阵

$$
\boldsymbol{R} = \begin{bmatrix}
0.1 & 0.1 & 0.7 & 0.1 & 0 \\
0.1 & 0.6 & 0.2 & 0.1 & 0 \\
0.1 & 0.6 & 0.2 & 0.1 & 0 \\
0.1 & 0.2 & 0.7 & 0 & 0 \\
0.1 & 0.7 & 0.2 & 0 & 0
\end{bmatrix}
$$

表 5.2　对顾客需求的评语

	国际一流 v_1	国内一流 v_2	一般 v_3	不太好 v_4	很差 v_5
携带方便 u_{11}	0.1	0.1	0.7	0.1	0
操作中不感觉疲惫 u_{12}	0.1	0.6	0.2	0.1	0
对操作易于理解 u_{13}	0.1	0.6	0.2	0.1	0
能轻松愉快地操作 u_{14}	0.1	0.2	0.7	0	0
能处理复杂问题 u_{15}	0.1	0.7	0.2	0	0

（2）根据各顾客需求的重要度确定权重分配集合，即

$$A = \{0.2, 0.4, 0.1, 0.1, 0.2\}$$

该集合中各元素之和为 1，第 i 个元素表示顾客需求 u_{1i} 的相对重要度。

（3）按模糊综合评判公式计算对第一项第一级顾客需求"操作方便"的评判结果，即

$$
B_1 = A \cdot \boldsymbol{R} = [0.2, 0.4, 0.1, 0.1, 0.2] \begin{bmatrix}
0.1 & 0.1 & 0.7 & 0.1 & 0 \\
0.1 & 0.6 & 0.2 & 0.1 & 0 \\
0.1 & 0.6 & 0.2 & 0.1 & 0 \\
0.1 & 0.2 & 0.7 & 0 & 0 \\
0.1 & 0.7 & 0.2 & 0 & 0
\end{bmatrix}
$$

$$= [0.1, 0.4, 0.2, 0.1, 0]$$

上式为模糊关系的合成计算,将 a_i 与 $r_{i1}(i = 1,2,\cdots,5)$ 两两对比取其小,再从得出的 5 个小值中取大,即得 B_1 的第一个元素 b_1 的取值,同理可以得 b_2 到 b_5 的取值。将 B_1 的取值归一化,得出对现有产品"操作方便"一项顾客需求的市场竞争能力的总体评价,即

$$B_1 = [0.1/0.8,0.4/0.8,0.2/0.8,0.1/0.8,0/0.8] = [0.125,0.5,0.25,$$
$0.125,0]$。B_1 的计算结果说明本产品在该项目上,12.5% 的人认为国际一流,50% 的人认为国内一流,25% 的人认为产品一般,12.5% 的人认为产品不太好。根据最大隶属度原则,结论是"国内一流"。

(4)对产品总体评判。

按同样步骤求得其余各项第一级顾客需求的评判向量 B_2、B_3、$B_4\cdots$(不做归一化),与未做归一化的组成新的评判矩阵。按照各项第一级顾客需求的重要度确定新的分配权重集合 A,重复以上步骤,计算出评判结果 B,加以归一化,即可分析现有产品的总体市场竞争能力。按照以上各步并行地进行国外对手、国内对手的产品调查,使被调查者在对产品的各因素进行评价时可以互相参照,计算国内外对手的产品市场竞争能力,以明确产品在顾客心目中的地位。其模型如下

$$C = A \cdot B = A \cdot \begin{bmatrix} A_1 \cdot R_1 \\ A_2 \cdot R_2 \\ A_3 \cdot R_3 \\ A_4 \cdot R_4 \\ \vdots \end{bmatrix} = A \cdot \begin{bmatrix} B_1 \\ B_2 \\ B_3 \\ B_4 \\ \vdots \end{bmatrix} = A \cdot (b_{ij})_{m \times n}$$

5.5　改进的层次分析法

5.5.1　群组 AHP 法

为了使决策科学化、民主化,通常总是有多个决策者(专家)或决策部门参与决策。这样在 AHP 模型进行专家咨询时,对同一个准则,将获得多个判断矩阵。因此,有必要对多人决策,即所谓群组决策进行研究,以求获得一个合理的综合结果。群组 AHP 有很多方法,这里仅列举一种。

设共有 K 个专家参与顾客权重系数的确定。设第 k 个专家认为第 i 个顾客要求相对于第 j 个顾客要求的相对重要性为 $a_{ij}(i,j = 1,2,\cdots,m;k = 1,2,\cdots,K)$,则共给出如下的 K 个判断矩阵

	A_1	A_2	$\cdots$	A_m		A_1	A_2	$\cdots$	A_m		A_1	A_2	$\cdots$	A_m
A_1	a_{11}^1	a_{12}^1	$\cdots$	a_{1m}^1	A_1	a_{11}^2	a_{12}^2	$\cdots$	a_{1m}^2	A_1	a_{11}^K	a_{12}^K	$\cdots$	a_{1m}^K
A_2	a_{21}^1	a_{22}^1	$\cdots$	a_{2m}^1	A_2	a_{21}^2	a_{22}^2	$\cdots$	a_{2m}^2	A_2	a_{21}^K	a_{22}^K	$\cdots$	a_{2m}^K
$\vdots$	$\vdots$	$\vdots$		$\vdots$	$\vdots$	$\vdots$	$\vdots$		$\vdots$	$\vdots$	$\vdots$	$\vdots$		$\vdots$
A_m	a_{m1}^1	a_{m2}^1	$\cdots$	a_{mm}^1	A_m	a_{m1}^2	a_{m2}^2	$\cdots$	a_{mm}^2	A_m	a_{m1}^K	a_{m2}^K	$\cdots$	a_{mm}^K

当专家给出的判断矩阵一致性较差,对某两个顾客要求相对重要性的判断差距较大时,就需要由专家对其重新协商和判断。当所有的 A_i 和 A_j 的相对重要性系数都给定后,就将专家的意见按下述方法进行综合:

(1)当 $i < j$ 时,取各专家判断值的算术平均值,即 $a_{ij} = \dfrac{1}{K}\sum\limits_{k=1}^{K} a_{ij}^k (i = 1, 2, \cdots, m-1; j = 1, 2, \cdots, m)$;

(2)当 $i > j$ 时,取 $a_{ij} = \dfrac{K}{\sum\limits_{k=1}^{K} a_{ji}^k} = \dfrac{K}{\sum\limits_{k=1}^{K} \dfrac{1}{a_{ij}^k}}$,即取各专家判断值的调和平均数;

(3)当 $i = j$ 时,取 $a_{ij} = 1$。

这样就得到综合了 K 个专家意见的判断矩阵。解出其最大特征值 $\lambda_{\max}$ 及其对应的特征向量 $\boldsymbol{\omega} = (\omega_1, \omega_2, \cdots, \omega_m)$,并对 $\boldsymbol{\omega} = (\omega_1, \omega_2, \cdots, \omega_m)$ 进行归一化处理,得到顾客需求权重 $\boldsymbol{\varpi} = (\varpi_1, \varpi_2, \cdots, \varpi_m)$,最后进行一致性判断,如不一致,则重复上述过程。

5.5.2 权重—概率综合系数法

设顾客要求集合 X 有 m 种不同的顾客要求,即 $X: \{a_1, a_2, \cdots, a_m\}$。将顾客要求 a_i 和 a_j 相比较,专家根据自己的经验与判断,在相对重要性程度集合 $I: (I_1, I_2, \cdots, I_m)$ 中,选择一个适当的量化值 $A_{ij} \in I$,表示 a_i 对 a_j 的相对重要性程度,而 a_j 对 a_i 的相对重要性程度即为 $A_{ji} = 1/A_{ij}$,则可得一个 $m \times m$ 阶矩阵

$$A = \begin{vmatrix} A_{11} & A_{12} & \cdots & A_{1m} \\ A_{21} & A_{22} & \cdots & A_{2m} \\ \vdots & \vdots & \vdots & \vdots \\ A_{m1} & A_{m2} & \cdots & A_{mm} \end{vmatrix}$$

计算 A 中的第 $i(i = 1, 2, \cdots, m)$ 行元素 $A_{i1}, A_{i2}, \cdots, A_{im}$ 乘积开方值的归一化值

$$w'_i = \frac{\sqrt[m]{\prod\limits_{k=1}^{m} A_{ik}}}{\sum\limits_{k=1}^{m} \sqrt[m]{\prod\limits_{k=1}^{m} A_{jk}}} \qquad (i = 1,2,\cdots,m)$$

这里，$\sum\limits_{i=1}^{m} w'_i = 1$，且应满足 $CR = \dfrac{CI}{RI} = \dfrac{\lambda_{\max} - m}{(m-1)RI} \leqslant 0.1$。

令 $p_j(j = 1,2,\cdots,m)$ 为第 j 项顾客需求出现的概率，即

$$p_j = \frac{b_j}{\sum\limits_{j=1}^{m} b_j}, \qquad (j = 1,2,\cdots,m)$$

$b_j(j = 1,2,\cdots,m)$ 为第 j 项顾客需求出现的频数。

进一步把顾客需求 $a_j(j = 1,2,\cdots,m)$ 的主观重要性权重 $w'_j(j = 1,2,\cdots, m)$ 与其先验概率 $p_j(j = 1,2,\cdots,m)$ 的乘积的平方根值进行归一化处理，得：

$\bar{w}_j = \dfrac{\sqrt{w'_j p_j}}{\sum\limits_{j=1}^{m} \sqrt{w'_j p_j}}$ $(j = 1,2,\cdots,m)$ 。可以把 w_j 定义为 $a_j(j = 1,2,\cdots,m)$ 顾客

需求重要度系数。

权重概率综合系数法一方面考虑了主观判断重要性的难度，另一方面又充分利用了市场调研数据所得出的先验概率信息，把顾客要求的主观重要性同客观重要性信息结合在一起，克服了前述几种方法的缺陷，具有科学性和合理性。但是在实际运用过程中，要注意先验概率的可靠性的判定。

[案例分析]

某企业对某产品的顾客需求进行了调研分析，顾客对该产品的需求可以归集为以下四项：CA_1 为性能好；CA_2 为故障少；CA_3 为售后服务及时；CA_4 为使用寿命长。技术人员给出的判断矩阵如表 5.3 所列。

表 5.3 判断矩阵

	CA_1	CA_2	CA_3	CA_4
CA_1	1	1	3	3
CA_2	1	1	3	3
CA_3	1/3	1/3	1	1
CA_4	1/3	1/3	1	1

计算的权重结果如下

$$W' = \begin{bmatrix} w'_1 \\ w^1_2 \\ w^1_3 \\ w^1_4 \end{bmatrix} = \begin{bmatrix} 0.406 \\ 0.406 \\ 0.094 \\ 0.094 \end{bmatrix}$$

$$\lambda_{max} = 4; \quad CI = 0; \quad RI = 0.900; \quad CR = 0 < 0.1$$

在企业内部对 231 个产品进行了调查,结果见表 5.4。

表 5.4　顾客需求调查表

顾客需求	性能好	故障少	售后服务及时	使用寿命长
顾客数	194	184	42	42

顾客需求的主观概率向量 $\boldsymbol{p} = (p_1, p_2, p_3, p_4) = (0.420, 0.389, 0.091,$ 0.091)

计算的顾客需求的重要性系数向量为

$$W = \begin{bmatrix} w_1 \\ w_2 \\ w_3 \\ w_4 \end{bmatrix} = \begin{bmatrix} 0.413 \\ 0.402 \\ 0.0925 \\ 0.0925 \end{bmatrix}$$

除了 AHP 之外,模糊综合评判方法也可以在顾客需求重要度的确定中有很好的运用。

5.6　工程措施权重确定的 TOPSIS 法

在质量屋中,选择重要的技术属性下一个典型的多属性决策过程(Multiple Atrribute Decision Making, MADM),可采用多种方法进行选择,最常用的有两种:简单加权法(Simple Additive Weighting, SAW)和逼近于理想解的排序方法(Technique for Order Preference by Similarity to Ideal Solution, TOPSIS)。多属性决策过程指的是通过多个属性与多个选择项的关系,确定多个选择项的优先度,从而选出需要的选项。通常一个 MADM 问题有 n 个选择项 $H_1, H_2, \cdots, H_n$,每一个与 m 个属性 $W_1, W_2, \cdots, W_m$ 有一个相关值。实际上,所有的属性均可分为两类:第一类是需要"投入"或"消耗"的属性,这类属性值越小越好;另一类是"产出"或"回报"性质的,这类属性值越大越好。设 $W_1, W_2, \cdots, W_k$ 是"投入"的属性,$W_{k+1}, W_{k+2}, \cdots, W_m$ 是"产出"的属性,如选项 H_i 与属性 W_j 的相关值是 $r_{ij}, i = 1, \cdots, n; j = 1, \cdots, m$,则可得到下面的决策矩阵

$$\boldsymbol{R} = \begin{array}{c} \\ W_1 \\ \cdots \\ W_k \\ W_{k+1} \\ \cdots \\ W_m \end{array} \begin{array}{cccc} H_1 & H_2 & \cdots & H_n \\ \left[\begin{array}{cccc} r_{11} & r_{12} & \cdots & r_{1n} \\ \cdots & \cdots & \cdots & \cdots \\ r_{k1} & r_{k2} & \cdots & r_{kn} \\ r_{k+11} & r_{k+12} & \cdots & r_{k+1n} \\ \cdots & \cdots & \cdots & \cdots \\ r_{m1} & r_{m2} & \cdots & r_{mn} \end{array}\right] \begin{array}{l} \\ \\ k \text{ 项“投入”属性} \\ m-k \text{ 项“产出”属性} \\ \\ \end{array}\end{array}$$

对应于 $\boldsymbol{R}$，选择项 H_i 可以表示成包含所有属性的向量

$$H_i = (r_{1i}, \cdots, r_{mi}) \quad (i = 1, \cdots, n)$$

同样，属性 W_j 也可以描述成

$$W_j = (r_{j1}, \cdots, r_{jn}) \quad (j = 1, \cdots, m)$$

而几乎所有的 MADM 问题都需要关于各属性的重要度，即已知 $f = (f_1, \cdots, f_m)$，在实际应用中，经常将其归一化，归一化权重由下式计算

$$w = (w_1, \cdots, w_m), w_j = \frac{f_j}{f_1 + \cdots + f_m} (j = 1, \cdots, m)$$

TOPSIS 的应用原则是使选择项最接近于最理想的解决方案，并尽量远离最不理想的选择。最理想的解决方案 H_+ 是由最好的属性值组成的

$$H_+ = (r_{1+}, \cdots, r_{m+}) = (\min_i\{r_{1i}\}, \cdots, \min_i\{r_{ki}\},$$
$$\max_i\{r_{k+1i}\}, \cdots, \max_i\{r_{mi}\}) \ (i = 1, \cdots, n)$$

最不理想的解决方案 H_- 是由最差的属性值组成的

$$H_- = (r_{1-}, \cdots, r_{m-}) = (\max_i\{r_{1i}\}, \cdots, \max_i\{r_{ki}\},$$
$$\min_i\{r_{k+1i}\}, \cdots, \min_i\{r_{mi}\}) \ (i = 1, \cdots, n)$$

MADM 的一个方法是选择一种与最理想解决方案的欧氏距离最近的选择，但一个选择 H_i 与 H_+ 距离最近不一定与 H_- 距离最远。TOPSIS 同时了考虑与 H_+ 和 H_- 的距离，步骤如下：

（1）把 W_j 归一化为 W_j^*，则

$$W_j^* = \frac{W_j}{\|W_j\|} = \left(\frac{r_{j1}}{\|W_j\|}, \cdots, \frac{r_{jn}}{\|W_j\|}\right) = (r_{j1}^*, \cdots, r_{jn}^*) \quad (j = 1, \cdots, m)$$

式中：$\|W_j\| = [(r_{j1})^2 + \cdots + (r_{jm})^2]^{\frac{1}{2}}$ 是 W_j 的欧氏范式，$j = 1, \cdots, m$

所以新的属性向量 $W_1^*, \cdots, W_m^*$ 有着相同的长度单元，具有可比性。同样的，H_i、H_+、H_- 也相应地转化为了 H_i^*、H_+^*、H_-^*，分别为

$$H_1^* = (r_{1i}^*, \cdots, r_{mi}^*) = \left(\frac{r_{1i}}{\|W_1\|}, \cdots, \frac{r_{mi}}{\|W_m\|}\right) \quad (i = 1, \cdots, n)$$

$$H_+^* = (r_{1+}^*, \cdots, r_{m+}^*) = \left(\frac{r_{1+}}{\parallel W_1 \parallel}, \cdots, \frac{r_{m+}}{\parallel W_m \parallel} \right)$$

$$H_-^* = (r_{1-}^*, \cdots, r_{m-}^*) = \left(\frac{r_{1-}}{\parallel W_1 \parallel}, \cdots, \frac{r_{m-}}{\parallel W_m \parallel} \right)$$

(2)将 H_i 与 H_+ 之间的距离定义为 H_i^* 与 H_+^* 之间的欧氏距离,即

$$\mathrm{d}(H_i, H_+) = \left\{ \sum_j [w_j(r_{ji}^* - r_{j+}^*)]^2 \right\}^{\frac{1}{2}} = \left\{ \sum_j \left[\frac{w_j(r_{ji} - r_{j+})}{\parallel W_j \parallel} \right]^2 \right\}^{\frac{1}{2}} \quad (i = 1, \cdots, n)$$

将 H_i 与 H_- 之间的距离定义为 H_i^* 与 H_-^* 之间的欧氏距离,即

$$\mathrm{d}(H_i, H_-) = \left\{ \sum_j [w_j(r_{ji}^* - r_{j-}^*)]^2 \right\}^{\frac{1}{2}} = \left\{ \sum_j \left[\frac{w_j(r_{ji} - r_{j-})}{\parallel W_j \parallel} \right]^2 \right\}^{\frac{1}{2}} \quad (i = 1, \cdots, n)$$

以上两式中,$j = 1, \cdots, m$

(3)评估选择项与 H_+ 的接近程度

$$\rho(H_i, H_+) = \frac{\mathrm{d}(H_i, H_+)}{\mathrm{d}(H_i, H_+) + \mathrm{d}(H_i, H_-)} \quad (i = 1, \cdots, n)$$

在 TOPSIS 的评价决策准则中,$\rho(H_i, H_+)$ 的值越小,选项就越接近最理想的方案,就越好。

在质量屋工程措施权重确定中,"顾客需求"即为"属性",工程措施即为"被选项","顾客需求"与"工程措施"之间的关系作为各个"选项"在每个"属性"上的表现值。通过上述 TOPSIS 计算方法可以算出工程措施各项与最优的工程措施的接近度,从而得到各项工程措施的优先值,即权重,通过权重的比较可以进一步选出重要项,进行下一步的质量屋分析。

5.7　工程措施权重确定的模糊层次分析法

层次分析法以两两判断矩阵为基础,但是若干因素中两因素的大小强弱关系往往是以模糊状态存在的。因此,在构建判断矩阵的过程中,可以使用三角模糊数将两两比较值模糊化。

设 s 和 u 分别是模糊数的下限和上限,m 为可能性最大的值,那么模糊数用 (s, m, u) 表示,求其隶属函数为

$$u(x) = \begin{cases} \dfrac{x}{m-s} - \dfrac{s}{m-s}, & x \in [s, m] \\ \dfrac{u}{u-m} - \dfrac{x}{u-m}, & x \in [m, u] \\ 0, & \text{其他} \end{cases}$$

模糊层次分析法用优于它的对数最小二乘法并进一步进行模糊化。设两两比较中评价因素 I_i 和 I_j 的重要度比例为: $c_{ij} = \dfrac{w_i}{w_j}$,用三角形模糊数评判则为: $\widetilde{a_{ij}} =$ $(S_{ij}, M_{ij}, U_{ii}) = \dfrac{\widetilde{W}_i}{\widetilde{W}_j}$,而重要度可以同样地模糊化为: $\widetilde{W}_i = (S_i, M_i, U_i)$ 和 $\widetilde{W}_j =$ (S_j, M_j, U_j)。通过模糊演算可以得到

$$\widetilde{a_{ij}} = \frac{\widetilde{W}_i}{\widetilde{W}_j} = \widetilde{W}_i \times \widetilde{W}_j^{-1} = \left(\frac{S_i}{U_j}, \frac{M_i}{M_j}, \frac{U_i}{S_j} \right)$$

一般情况下 $\widetilde{a_{ij}} = \dfrac{\widetilde{W}_i}{\widetilde{W}_j} \times \widetilde{E}_{ij}$,其中 $E_{ij} = (E_{Sij}, E_{vij}, E_{\mu ij})$ 为两两比较的评判误差,成为重要度残差。对上式取对数后求其最小二乘解。如果两两比较由多人进行,因素 I_i 和 I_j 的比较值则为: $a_{ijk}(k = 1, 2, \cdots, \delta_{ij})$,其中 δ_{ij} 为人数。为了使所有因素的对数残差平方和最小,这里使各因素 I_i 的对数残差平方和各自最小化,并整理得到下式

$$S_i \sum_{\substack{i=1 \\ j \neq i}}^{n} \delta_{ij} - \sum_{\substack{i=1 \\ j \neq i}}^{n} \delta_{ij} \mu_j = \sum_{\substack{i=1 \\ j \neq i}}^{n} \sum_{k=1}^{\delta_{ij}} S_{ijk}$$

$$M_i \sum_{\substack{i=1 \\ j \neq i}}^{n} \delta_{ij} - \sum_{\substack{i=1 \\ j \neq i}}^{n} \delta_{ij} M_i = \sum_{\substack{i=1 \\ j \neq i}}^{n} \sum_{k=1}^{\delta_{ij}} M_{ijk}$$

$$U_i \sum_{\substack{i=1 \\ j \neq i}}^{n} \delta_{ij} - \sum_{\substack{i=1 \\ j \neq i}}^{n} \delta_{ij} S_i = \sum_{\substack{i=1 \\ j \neq i}}^{n} \sum_{k=1}^{\delta_{ij}} U_{ijk}$$

从上式求解 (S_i, M_i, U_i) 通过指数变换可以推定因素 I_i 的模糊权重 $\widetilde{W}_i$。根据以最大值为 1 的概念可以用下式对权重进行归一化。

$$\widetilde{a}_i = (r_1 \exp(S_i), r_2 \exp(m_i), r_3 \exp(u_i))$$

式中: $r_1 = \left[\left(\max_{i=1}^{n} \exp (U_i) \right)^{-1} \right]$; $r_2 = \left[\left(\max_{i=1}^{n} \exp (M_i) \right)^{-1} \right]$; $r_3 = \left[\left(\max_{i=1}^{n} \exp(S_i) \right)^{-1} \right]$。

124

参 考 文 献

［1］Yoji Akao. New Product Development and Quality Assurance-Quality Deployment System. Standardization and Quality Control，1972，25（4）：7－14.

［2］中国质量管理协会. 国际先进质量管理技术与方法. 北京：中国经济出版社，2000.

［3］水野滋，赤尾洋二. 品质机能展开. 戴克商，译. 福建质量管理增刊，1989.

［4］李跃生，等. 扩展型 QFD 分析模型在航天产品研制中的应用研究，首届亚洲质量网大会暨第 17 届亚洲质量研讨会，2003.9

［5］李跃生，扩展型 QFD 技术分析模型的研究与应用. 上海 QFD 国际研讨会，2005.

［6］李跃生，林树茂. QFD 与 FMECA 技术在型号研制中的结合应用研究. 首届中国航天质量论坛，2006.

［7］李跃生，林树茂. QFD 与 FMECA 技术在大型复杂航天产品研制中的结合应用研究. 第 14 届国际质量功能展开研讨会，2008.

［8］邵家俊，韩之俊，等. 健壮设计手册. 北京：国防工业出版社，2002.

［9］魏超，等. QFD 技术在固体火箭发动机设计中的应用. 第二届中国航天质量论坛，2008.

［10］邵家骏. QFD 在六西格玛管理中的应用. 第 14 届国际质量功能展开研讨会，2008.

［11］熊伟，等. 中国 QFD 发展现状与今后的动向. 第 14 届国际质量功能展开研讨会，2008.

［12］美国国防部可靠性分析中心. 产品可靠性蓝皮书. 2001.

［13］美国空军. 可靠性和维修性 2000 大纲. 1987.

［14］Stamatis D H. 故障模式影响分析 FMEA 从理论到实践(2 版). 陈晓彤，姚绍华，译. 北京：国防工业出版社，2005.

［15］杨伦标，高英仪. 模糊数学原理及应用. 广州：华南理工大学出版社，1998.

［16］朝立岩，汪培庄. 应用模糊数学. 北京：首都经济贸易大学出版社，1998.

［17］孔造杰，郝永敬. QFD 实施中的组织管理与信息技术，计算机集成制造系统——CIMS，2001.

［18］郝永敬，刘天胤. QFD 实施中组织管理问题的研究. 工业工程与管理，2002.

［19］陈国权. 并行工程管理方法与应用. 北京：清华大学出版社，1998.

［20］翟丽. 质量功能展开技术及其应用综述. 管理工程学报，2000.

［21］同淑荣. 制造质量控制与质量功能配置. 西安：西北工业大学博士论文，1999.

［22］韩之俊，许前. 质量管理学. 北京：科学出版社，2003.

［23］刘鸿恩. 质量功能展开问题解决理论与方法研究. 上海：上海交通大学博士论文，2001.

［24］檀润华，马建红，等. 基于 QFD 及 TRIZ 的概念设计过程研究，机械设计，2002.

［25］Guinta Lawrence R. Praizter Nancy C. The QFD Book：The Team Approach to Solving Problems and Satisfying Customers through Quality Function Deployment［M］，New York：American Management Association，2003，4－6.

［26］Joachim Karlsson. Managing software requirements using quality function deployment［J］. Software Quality Journal，2007（6）：311－325.

[27] Walter M. Lamia. Integrating QFD with Object Oriented Software Design Methodologies. QFD Symposium Sponsored by the U. S Department of Defense,1995:162 – 179.

[28] Cristiano J J. Customer-driven Product Deployment Through Quality Function Deployment in the U. S. and Japan. J PROD INNOVMANAG. ,2000,17:286 – 309.

[29] Felix T S, Niraj Kumar. Global sipplier development considering risk factors using fuzzy extended AHP-based approach. Management Science,2005(8):1 – 15.

[30] Ting-Ya H,Shih-tong l. Fuzzy MCDM approach for planning and design tenders selection in public office buildings. Management Project,2004(22):573 – 584.

[31] Hwong CK,Bai H. Determing the importance Weights for the customer requirements in QFD using a fuzzy AHP with an extent analysis approach. IIE Transaction,2003,35(7):619 – 626.

[32] Cheung SO,Lan TL. An analytical hierarchy process based procedure selection method. Construction manage Econ,2001,19(1),427 – 437.

[33] Andreas herrmann, Frank Huber. Market-driven product and service design: Bridge the gap between customer needs,quality management and customer satisfaction. Int production Economics,2000,66:77 – 96.

[34] jiafu Tang, Richard Y K, et al. A new approach to quality function deployment planning with financial consideration. Computer Operations Research, 2002,29(11):1447 – 1463.

[35] Kwang-Jae, Herbert moskowitz. Fuzzy multicriteria models for quality function deployment. Operational Research,2000,121:504 – 518.

[36] Yi Qing Yang, Shou Qing Wang, Mohammad. A fuzzy quality deployment system for buildable design decision-making. Automation in Construction,2003,13:381 – 393.

[37] Richard Y K, Jiafu tang, et al. Estimating the functional ralationships for quality function deployment under uncertainties[j]. Fuzzy sets and systems,2005,5:1 – 23.

[38] Zhou M. Fuzzy logic and optimization models for implementing QFD [J], Computer and Industrial Engineer,1998,35:237 – 240.

[39] Ho E S A, et al. An integrated group decision-making approaches to QFD [J]. IIE Transation,1999,31: 553 – 567.

[40] Akao Y, et al. QFD toward product development management [A]. Proc. Of the 5th Internatioanl Symposium on QFD[C]. Brazil,1999:1 – 10.

[41] Robert Simms. CE: Engineering a Change in the Design Process. AEROSPACE AMERICA, 1993.4: 18 – 21.

[42] Portanova,P. L. Tomei etc. Quality Function Deployment in Launch Operations. AD – A230 983,1990.

[43] Biren Prasad. Review of QFD and Related Deployment Techniques. Journal of Manufacturing Systems,1998.

[44] Mizuno S,Akao Y. QFD:The Customer-Driven Approach to Quality Planning and Deployment. Tokyo:Asian Productivity Organization,1994.

[45] ASI,ed. Proceedings of the Sixth Symposium on Quality Function Deployment. Dearborn:ASI and GOAL/QPC,1994.

[46] Shao J. Research and Applications of Quality Conference. Beijing:China Quality Association,2001.

[47] Yang K,Kapur KC. Customer Driven Reliability: Integration of QFD and Robust Design. In: Proceedings of Annual Reliability and Maintainability Symposium. New York:IEEE,1997.